Guide Microapp

Webcam

Micro Application

1ère Édition - Février 2003

Auteurs Vincent Derrien

Avertissement aux utilisateurs

"Les informations contenues dans ce produit sont données à titre indicatif et n'ont aucun caractère exhaustif voire certain. A titre d'exemple non limitatif, ce produit peut vous proposer une ou plusieurs adresses de sites Web qui ne seront plus d'actualité ou dont le contenu aura changé au moment où vous en prendrez connaissance.
Aussi, ces informations ne sauraient engager la responsabilité de l'Editeur. La société MICRO APPLICATION ne pourra être tenue responsable de toute omission, erreur ou lacune qui aurait pu se glisser dans ce produit ainsi que des conséquences, quelles qu'elles soient, qui résulteraient des informations et indications fournies ainsi que de leur utilisation".

ISBN : 2-7429-2896-0

MICRO APPLICATION
20-22, rue des Petits-Hôtels
75010 PARIS
Tél : 01 53 34 20 20 - Fax : 01 53 34 20 00
http://www.microapp.com

Support technique :
Tél : 01 53 34 20 46 - Fax : 01 53 34 20 00
également disponible sur le site
www.microapp.com

Avant-propos

Tout en couleur, la collection GUIDE MICROAPP vous accompagne dans votre découverte d'un logiciel ou d'une technologie informatique. Grâce à une approche résolument pratique, centrée autour de nombreux exemples pas à pas, elle vous permet de réussir vos premières prises en main et de réaliser des opérations concrètes, rapidement et facilement, sans connaissance préalable du sujet traité.

Les ouvrages de la collection sont basés sur une structure identique :

- Des étapes numérotées, associées à des captures d'écran, vous permettent de suivre et de reproduire pas à pas l'exemple étudié.
- Des informations complémentaires au sujet traité vous sont délivrées. Présentées sous forme d'encadrés, elles sont repérables par l'icône ▶.
- Des définitions vous permettent de comprendre les termes et abréviations relatifs au logiciel ou à la technologie étudiée. Présentées sous forme d'encadrés, elles sont identifiables par l'icône ■.

Complète, la collection GUIDE MICROAPP vous délivre des outils innovants pour rendre l'apprentissage encore plus enrichissant et convivial :

Le coin des passionnés, pour tous ceux qui souhaitent approfondir leurs connaissances et aller plus loin dans leur utilisation du logiciel ou de la technologie étudiée.

Les Fiches pratiques, pour maîtriser en quelques clics une application précise.

Afin de faciliter la compréhension des techniques décrites, nous avons adopté les conventions typographiques suivantes :

- **Gras** : menu, commande, onglet, bouton
- *Italique* : rubrique, zone de texte, liste déroulante, case à cocher
- www.microapp.com : adresse Internet
- **Hotmail** : renvoi vers un encadré définition
- ⇢ : marque le début d'un exemple pas à pas
- ■ : marque la fin de l'exemple pas à pas

Sommaire

Chapitre 1

Bien débuter avec sa Webcam

Qu'est-ce qu'une Webcam ? 9
Quelques utilisations courantes 10
Principales caractéristiques d'une Webcam 15
Installation d'une Webcam 18

Chapitre 2

Filmer et photographier

Les paramètres de prise de vue 23
Prendre des clichés 33
Filmer 42

Chapitre 3

Monter un film

Préparer les différentes séquences 47
Manipuler les clips 52
Juxtaposer les clips 55
Lire le film 57
Ajouter des effets spéciaux 58
Ajouter des séquences non filmées 59
Ajouter du son 61
Exporter un film monté 64

Chapitre 4

Manipuler des films

Envoyer un vidéomail.....66
Mettre un film sur un site Internet.....69

Chapitre 5

La visioconférence

Installer et utiliser les logiciels adéquats.....82
Profiter des salons de discussion sur Internet.....91

Chapitre 6

Les autres manières de filmer

L'animation.....97
Le détecteur de mouvements.....111

Chapitre 7

Le coin des passionnés

En direct sur le net !

Utiliser un service Internet.....120
Créer un site.....129
S'afficher sur le Net.....146

Fiches pratiques

Webcam : comment ça marche ? 150
Serveur Push 152
La mémoire tampon 154
Compresser des films et des photographies 156
Promouvoir un site de Webcam 158
Sites intéressants 160
Vérifier l'installation de la Webcam 162
Gérer une galerie personnelle dans QuickCam 164
Organisation des collections et des clips 166
Créer un album Web 168
Envoyer des fichiers vidéo et des fichiers film par courriel 170
Les salons de discussion de MSN 172
Le mode SuperWebcam de Yahoo! Messenger 174
La caméra ne fonctionne pas ! 176
Problèmes d'affichage des images 178
Les enregistrements ne sont pas complets 180
Créer et améliorer le contenu vidéo 182
Résoudre un problème audio 184
L'image n'a pas la bonne apparence 186
L'aide 188

Index 191

Chapitre 1

Bien débuter avec sa Webcam

Depuis quelques années, la Webcam est devenu un moyen de communication courant. Cet essor est bien évidemment lié à un rapport qualité/prix devenu très attractif. De même, l'avènement des connexions Internet rapides (ADSL, câble...) chez les particuliers facilite l'utilisation des Webcams. Pour autant, nul besoin d'investir dans une ligne haut débit ; une connexion téléphonique classique permet de profiter des fonctionnalités d'une Webcam.

Parmi les applications les plus courantes, citons :

- La photographie instantanée, idéale pour partager rapidement et simplement des images via Internet.
- La réalisation de petits films. En utilisant une Webcam comme caméra, il est possible de réaliser de véritables petits films, voire des films d'animation !
- La visioconférence est l'une des applications les plus courantes. Le principe est simple : communiquer avec un interlocuteur comme on le fait à l'aide d'un visiophone. Avantage non négligeable : le tarif de la communication est le même, où que soit situé l'interlocuteur. Le prélèvement est effectué sur votre forfait Internet ou sur votre facture téléphonique (au tarif local) ; le service peut aussi être inclus dans votre abonnement illimité ou haut débit.
- La diffusion en temps réel d'images sur le Web.

Qu'est-ce qu'une Webcam ?

La grande majorité des Webcams ne sont pas autonomes et ne peuvent être séparées d'un ordinateur. Ce dernier fournit l'énergie, la mémoire et le processeur permettant d'enregistrer et de stocker les films. La Webcam est en quelque sorte l'« œil » de l'ordinateur ; sans lui, elle n'a aucun intérêt. Il existe cependant quelques modèles qui possèdent batteries et mémoire, ce qui leur permet de fonctionner comme un appareil photo autonome.

Le microphone est le complément indispensable d'une Webcam. Il peut être externe, intégré à votre ordinateur ou à la Webcam (solution très pratique !). Il permet d'ajouter des commentaires aux films. Il est indispensable lors d'une visioconférence.

Que serait une Webcam sans le Web ? Une connexion Internet est donc nécessaire. Son type et son débit importent peu. Le débit limite principalement la taille des images et la vitesse de rafraîchissement de l'écran. Une connexion via le câble ou l'ADSL permet une excellente transmission des images, avec une bonne résolution (vitesse de la vidéo et taille de l'image). Une connexion par modem téléphonique est moins efficace, mais largement suffisante pour une utilisation courante ; néanmoins, l'image est plus petite et la vidéo plus saccadée.

Quelques utilisations courantes

Il existe d'innombrables applications pour les Webcams. Dans cette section, nous allons passer en revue les principales utilisations. Nous les détaillerons ensuite dans les chapitres suivants.

Prendre *des clichés*

Une Webcam peut servir d'appareil photo d'appoint. C'est l'utilisation la plus basique. Bien sûr, cela n'est pas son point fort, mais elle peut vous rendre quelques services si vous connaissez ses limites.

Tout d'abord, les photographies prises avec une Webcam sont limitées en **résolution**. La résolution est généralement de 72 pixels/pouce ; dans ce cas, l'image est nette sur un écran d'ordinateur, mais la qualité se dégrade fortement lors d'une impression. Une Webcam convient bien pour la création d'une galerie de photos sur le Web par exemple.

Résolution

La résolution est une mesure de la qualité de l'image numérique, exprimée généralement en nombre de pixels par pouce. Plus la résolution est élevée, plus l'image contient de pixels et donc d'informations, pour une qualité d'image accrue.

Lorsqu'une Webcam n'est pas indépendante d'un ordinateur (ce qui est souvent le cas), cela réduit fortement la zone géographique où il est possible de l'utiliser... à moins de la connecter à un ordinateur portable. Il existe aussi des Webcams auto-alimentées possédant un support de stockage de données propre.

Nous reviendrons sur la prise de clichés avec une Webcam page 33.

Monter des petits films

Les Webcams sont livrées avec des logiciels d'exploitation. Parmi ceux-ci, les logiciels de montage vidéo sont particulièrement intéressants. Ils servent à créer des vidéos, plus précisément à assembler des séquences, à créer des titres, des effets de transition, etc. Ils sont compatibles avec différents formats de fichiers, ce qui permet de travailler sur des films provenant d'une autre source que la Webcam (caméscope, film téléchargé depuis Internet...).

Outre les réglages techniques relatifs à la prise de vue (éclairage, vitesse du film, qualité de l'image...), il est possible de choisir deux principaux types d'animations :

- Soit vous filmez les scènes classiquement, comme vous le faites avec un caméscope.

Pour plus de précisions, reportez-vous à la page 42.

- Soit vous recourez à la technique d'animation image par image. Elle permet de donner vie à des objets inanimés tels que des petits soldats, de la pâte à modeler, des jouets... Pourquoi pas faire dialoguer une vache et une agrafeuse ? Cette méthode a permis à plusieurs artistes de révéler leur talent dans le domaine du film Internet.

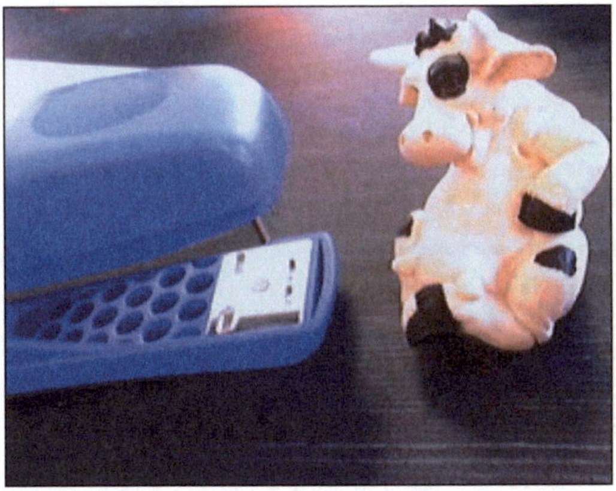

La réalisation est très aisée : la Webcam enregistre les images les unes après les autres, à intervalles réguliers (par exemple, toutes les secondes) ou lorsqu'on le lui signale. En définissant des intervalles de prises de vue de plusieurs heures, vous pouvez créer des effets surprenants, par exemple visualiser en quelques secondes l'éclosion d'un bourgeon de fleur ou encore la marée montante et descendante.

La *visioconférence*

La visioconférence est certainement l'une des utilisations les plus répandues, et aussi l'une des plus ludiques ! Il s'agit de communiquer en direct avec une ou plusieurs personnes via Internet, tout en voyant les interlocuteurs.

Il existe plusieurs moyens de dialoguer de cette manière. Avant toute chose, il faut télécharger un logiciel (gratuit) pour pouvoir entrer en contact avec les autres utilisateurs. Des applications telles que Yahoo! Messenger (www.yahoo.fr) ou MSN Messenger (www.msn.fr) permettent de dialoguer dans des salons de discussion et de chatter en privé avec un utilisateur. Ces deux applications sont gratuites et nécessitent une inscription sans frais sur le site de leurs éditeurs respectifs.

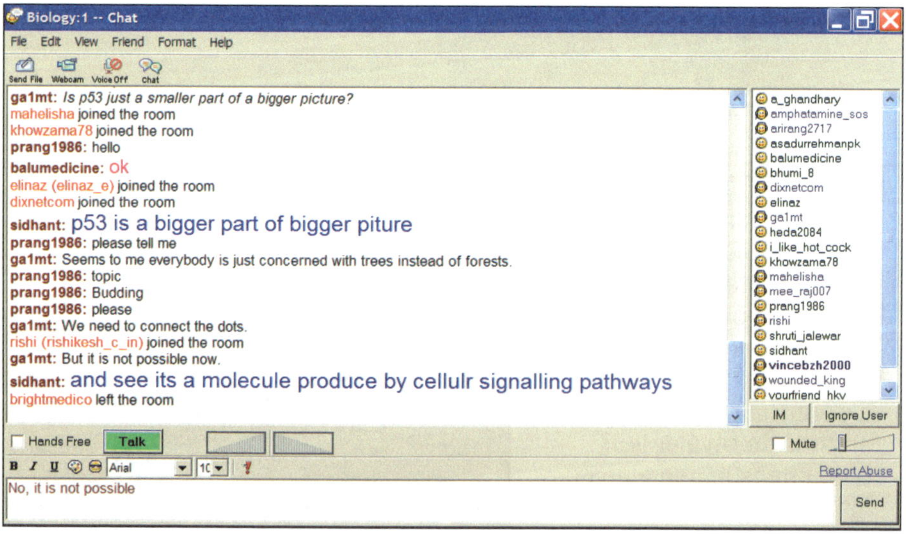

Vous pouvez inviter quelqu'un à voir votre Webcam ou demander à quelqu'un de voir la sienne. Un carnet d'adresses permet de sauvegarder le pseudo de vos amis et ainsi de les contacter facilement, sans passer par les salons de discussion publics.

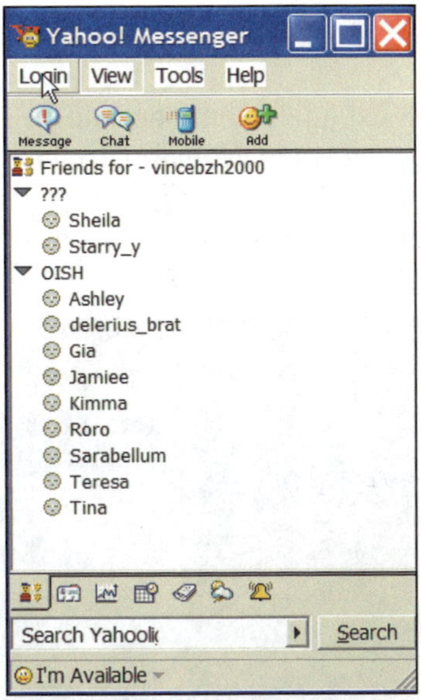

L'application MSN Messenger est riche en fonctionnalités et très simple à prendre en main. Elle est utilisée par un grand nombre d'internautes et permet de prendre part à des visioconférences, de partager des fichiers ainsi qu'un tableau blanc commun à tous les interlocuteurs.

Nous reviendrons sur MSN Messenger au chapitre *La visioconférence*.

La diffusion d'images *en direct sur le Web*

Il est également possible de diffuser sur le Web, en temps réel, ce que « voit » une Webcam. De plus en plus d'utilisateurs profitent de cette fonctionnalité. Cela permet de faire de la vidéosurveillance, de la publicité pour un cyber-café, de garder un œil sur un bébé quand il dort, voire de réaliser des émissions de cyber-TV.

Pour diffuser en direct sur Internet, il existe plusieurs possibilités :

- Si vous possédez une connexion rapide (type ADSL ou câble), la méthode du **streaming live** permet de diffuser « en continu » ; les images ne sont pas (ou peu) saccadées.
- Les connexions plus lentes permettent aussi de diffuser en direct des images. Optez de préférence pour une actualisation plus lente des images. Pour certaines applications, une durée de 1 minute (voire plus) est largement suffisante. Cette méthode est parfois appelée « FTP upload » ; cela signifie que les images sont prises à intervalles réguliers et transmises au serveur pour que les internautes puissent les visualiser.

Au chapitre *Le coin des experts*, vous apprendrez à exploiter ces fonctionnalités.

Streaming live

Le streaming live est une technique qui permet la diffusion en continu d'images sur le Web, en particulier la diffusion d'émissions en direct sur une WebTV. On oppose en général le streaming live à la méthode du FTP upload, qui consiste à capturer des images de la Webcam à intervalles réguliers et à les transférer sur un serveur Internet.

Principales caractéristiques d'une Webcam

Nous allons passer en revue les principaux aspects techniques des Webcams. Il n'est pas question ici de rentrer dans les détails, mais plutôt de donner un aperçu global des caractéristiques de votre matériel.

L'ergonomie

L'ergonomie d'une Webcam est primordiale. En effet, quoi de plus désagréable qu'une Webcam qui pique du nez, qui tourne ou qui tombe au moindre mouvement ? Prenez garde à accorder une place de choix à votre caméra. Vous serez tributaire de la longueur du câble qui la relie à l'unité centrale et de son mode de fixation : sur pied, accrochée au-dessus de l'écran, etc.

Si votre Webcam ne dispose pas de zoom, veillez à bien régler la distance entre l'objectif et vous de manière à ne pas être en gros plan lors des visioconférences. Mieux vaut avoir un plan un peu trop large que trop serré. C'est plus agréable pour vos interlocuteurs d'avoir une vue d'ensemble de votre environnement, plutôt que votre tête qui n'arrête pas de bouger, qui se retrouve régulièrement hors champ et souvent floue.

La taille des images créées

Avant que vous ne commenciez à filmer, le logiciel de gestion de votre Webcam vous propose d'intervenir sur plusieurs paramètres. Parmi les principaux, citons la taille de l'image. Ce réglage est primordial car il influe directement sur le poids du fichier généré. Les tailles proposées dépendent du modèle de la Webcam. L'unité de mesure est le **pixel**. Les tailles habituellement proposées sont 160×120, 320×240 et 640×480, ce qui donne les proportions indiquées sur l'image suivante.

Bien souvent, les images de petite taille sont de meilleure qualité. Il vous revient de choisir entre netteté et taille de l'image…

Pixel

Une image numérique est formée par une juxtaposition d'une multitude de points. Ces points sont appelés des pixels. Ils sont l'unité de base des images numériques. Plus une image contient de pixels, meilleure est sa qualité.

Ainsi, une même vidéo filmée en 640×480 est beaucoup plus lourde qu'une vidéo filmée en 160×120. Ce problème de poids de fichier est crucial lorsqu'il s'agit de partager le film sur Internet.

Imaginons que vous proposiez aux visiteurs de votre site de télécharger votre film. Ceux qui disposent d'une connexion lente seront rebutés par le temps de chargement excessif.

Autre exemple : vous souhaitez envoyer un film par e-mail. Or, certaines boîtes aux lettres électroniques ne prennent pas en charge les pièces jointes trop lourdes (quelques mégaoctets en général). Pour connaître la taille limite tolérée, une seule solution : renseignez-vous sur le site de votre prestataire ou poser directement la question au service technique.

Choisissez donc la taille d'image qui vous convient en fonction de l'utilisation que vous souhaitez faire de votre film et des concessions que vous êtes prêt à faire. Cela dit, la taille des images n'est pas la seule manière d'agir efficacement sur le poids du fichier final. En effet, la « vitesse » (nombre d'images par seconde) du film est également importante.

La vitesse

En paramétrant le nombre d'images qui défilent par seconde, il est possible de rendre un film plus ou moins fluide. En effet, plus ce nombre est réduit, plus la vidéo semble saccadée. D'un autre côté, en diminuant le nombre d'images par seconde, vous diminuez le poids du fichier généré et vous obtenez un fichier bien plus léger !

Certaines Webcams permettent de filmer avec un débit de 60 images/seconde, ce qui est beaucoup. Une vitesse de 30, voire de 25 images/seconde donne de bons résultats.

Quelques options selon les modèles

Il existe de nombreuses options selon les Webcams. Elles influent, parfois grandement, sur les tarifs. Parmi les plus courantes, citons :

- Le microphone intégré. Il est très pratique car vous n'avez pas à encombrer votre bureau d'un autre appareil. Certains microphones ne sont pas intégrés directement dans la Webcam, mais fournis en supplément (bien souvent sous forme de casque peu esthétique). C'est un supplément indispensable (et peu onéreux) à acquérir sans plus attendre.

- Les « indépendantes ». Ce type de Webcam s'apparente à un appareil photo. Disposant de batteries et d'une mémoire capable de stocker des données, ces Webcams ont l'avantage de pouvoir fonctionner sans

« cordon ombilical » les reliant à l'unité centrale. Elles peuvent donc être emportées partout. Pour autant, les images produites n'ont rien à voir avec celles réalisées avec un véritable appareil photo numérique.

- Toutes les Webcams sont capables de prendre des instantanés. Soit vous devez lancer le logiciel de gestion de la Webcam pour cliquer sur le bouton « Prendre un instantané », ce qui est le cas le plus courant, soit vous disposez d'un bouton spécifique sur lequel il suffit d'appuyer, comme sur un appareil photographique classique. Certains constructeurs ont développé un mode de prise de vue plus original encore : la reconnaissance vocale ; il suffit de prononcer un mot pour que l'image soit prise.

Installation d'une Webcam

L'installation d'une Webcam sur un ordinateur se fait de manière très simple. En à peine dix minutes, vous pourrez commencer à la faire fonctionner.

Nous partons du principe que le branchement se fait via un port USB. Les branchements se faisant sur un port parallèle sont maintenant obsolètes.

Le CD-Rom *d'installation*

Pour commencer, il faut introduire, dans le lecteur, le CD-Rom d'installation livré avec la Webcam. Il vous guidera pas à pas lors de l'installation. La procédure est automatique et quasiment la même quel que soit le périphérique à installer (scanner, appareil photo…). Il vous sera demandé durant cette opération de brancher votre caméra à l'un des ports USB de votre micro-ordinateur. Veillez donc à ce qu'il y en ait un de libre.

Le port *USB*

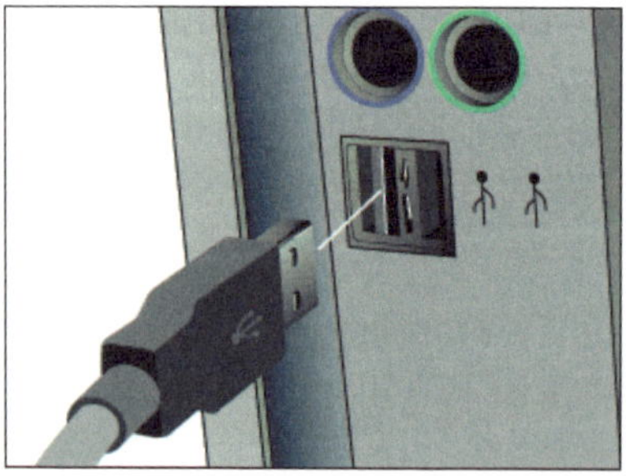

Le port USB (Universal Serial Bus) est une prise que présentent les ordinateurs récents, souvent en plusieurs exemplaires. De nombreux périphériques peuvent se brancher directement sur ce port (scanner, modem, appareil photo…). Il permet une prise en main rapide et simple de tous ces appareils.

Le port USB est aujourd'hui devenu un standard. Rien d'étonnant à cela, car ses atouts sont considérables :

- Simplicité d'utilisation : on branche le périphérique et il est immédiatement reconnu par le système.
- La plupart des périphériques actuels se branchent sur ce port (modem, scanner…).
- Il est possible de connecter plusieurs périphériques les uns derrière les autres.
- Les câbles USB sont bidirectionnels, c'est-à-dire que les informations peuvent indifféremment circuler de l'unité centrale vers le périphérique ou du périphérique vers l'unité centrale.
- Les câbles USB permettent d'alimenter les petits périphériques ne nécessitant que peu d'énergie. C'est le cas des Webcams. C'est pour cette raison qu'elles n'ont pas besoin d'être branchées sur le secteur.

Souvent, les ordinateurs présentent deux ou trois ports USB, parfois à l'arrière, parfois en façade. Cette dernière solution est bien pratique si on a l'habitude de débrancher sa caméra ou de changer de périphérique souvent.

Comment *ça marche ?*

Le fonctionnement d'une Webcam peut sembler complexe et dénué d'intérêt pour beaucoup. Pourtant, la connaissance sommaire du principe permet de mieux comprendre certains points pratiques, notamment au niveau du rendu des images.

Tout comme dans un appareil photographique, l'image que vous filmez passe par un jeu de lentilles. Ces dernières sont responsables de l'agrandissement, du rétrécissement ou de la déformation éventuels du rendu. L'image arrive jusqu'au capteur qui envoie les informations à interpréter à un petit processeur. Le signal est ensuite amplifié et numérisé avant d'être acheminé vers l'ordinateur.

L'élément auquel il est convenu d'attacher de l'importance est le capteur. Il existe deux types de capteurs :

- Les capteurs CCD sont très sensibles et offrent une grande qualité d'image. De manière générale, ils gèrent moins bien les faibles éclairements que leurs concurrents CMOS. Ils sont également plus chers.
- Les capteurs CMOS sont plus simples à fabriquer et demandent moins de technologie complémentaire. Ils sont, de ce fait, souvent moins chers que les CCD. La qualité générale des images produites est acceptable, mais en deçà de celle offerte par les CCD.

Mettre en scène

À la manière d'un metteur en scène, il faut penser à « théâtraliser » un minimum la prise de vue afin de tirer le meilleur parti de votre matériel. L'interface du logiciel de gestion permet de visualiser le résultat des différentes positions et des éclairages que vous choisissez.

Nous reviendrons en détail sur l'utilisation de cette interface et sur les paramètres propres à la Webcam dans le chapitre *Filmer et photographier*.

Il s'agit de mettre l'accent ici sur deux points souvent négligés par les utilisateurs de Webcams : la position de celle-ci et l'éclairage de la scène ou du visage filmé.

La position

Le premier réglage à effectuer est la position de la Webcam par rapport à l'utilisateur. Ni trop loin, ni trop près. Ne cherchez pas à l'installer de manière à avoir un angle trop original (par exemple, une vue plongeante) ; cela peut être très désagréable pour vos interlocuteurs. Bien évidemment, le mode de fixation de la Webcam est un facteur limitant votre liberté de choix dans l'emplacement. Certaines caméras demandent à être posées sur un socle ou fixées au bout d'un pied, d'autres sont « attachées » au-dessus du moniteur… Choisissez la sobriété. C'est le meilleur moyen de vous mettre en valeur sur l'image !

Une fois la position idéale de la caméra trouvée, veillez à ce qu'elle soit bien fixée (vous éviterez des crises de nerfs si elle ne tourne pas ou ne tombe pas au moindre courant d'air !).

La lumière

Prenez également quelques minutes pour vous occuper de la lumière. Cet aspect est bien souvent délaissé par les utilisateurs. Pourtant, si votre visage ou la scène filmée est bien éclairé, l'image est de meilleure qualité. Voici quelques conseils permettant d'obtenir un bon éclairage :

- Dans la mesure du possible, ne vous placez pas dos à une source de lumière (fenêtre, lampe...), au risque de fausser la mesure du capteur : votre visage sera alors très sombre et l'arrière-plan blanc. Si vraiment il est impossible de faire autrement, réglez les paramètres de la Webcam en conséquence. Nous verrons comment faire plus loin.

- Ne placez pas une lampe trop près de votre visage. Cette surexposition vous ferait apparaître à l'image avec un teint livide, uniforme et l'arrière-plan serait sous-exposé.

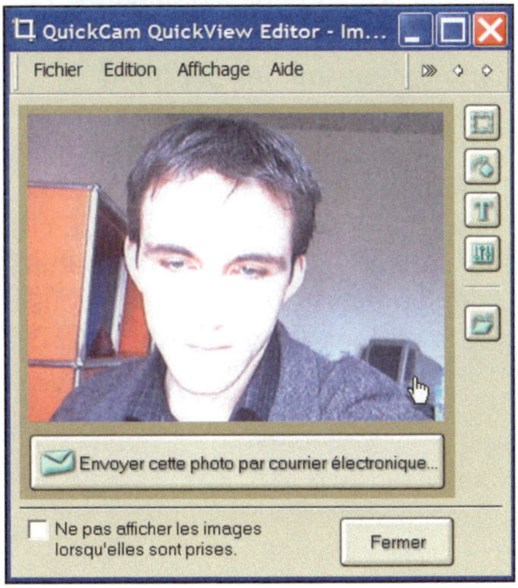

- Une lumière trop orientée crée des ombres disgracieuses sur les visages (nez, paupières...). Évitez donc les spots vous éclairant de côté.

Un bon éclairage correspond à une lumière moyenne (vous devez pouvoir lire sans difficulté), relativement diffuse, dont la source est située si possible devant vous. Bien sûr, rien n'empêche (au contraire !) de jouer avec les lumières pour créer différentes ambiances, selon l'humeur...

Divers logiciels

Afin d'utiliser au mieux votre Webcam, vous serez amené à recourir à d'autres applications que le logiciel de base livré avec le matériel. Ce dernier est probablement très complet, mais il ne permet pas de faire autre chose que de capturer des images, de les traiter succinctement et de les collectionner. Certaines applications proposent toutefois une création automatique de collection d'images et de vidéos sous forme de page web, ce qui peut être un gain de temps non négligeable si vous souhaitez partager vos images sur Internet.

Vous serez également amené à utiliser un logiciel de montage vidéo pour créer des films personnels (Windows Movie Maker est livré avec Windows), ainsi qu'une série de logiciels de visioconférence (NetMeeting, Yahoo! Messenger...), bien souvent gratuits eux aussi. Afin de placer vos films en visionnage direct sur Internet, vous devrez utiliser un logiciel d'encodage, tel que le codeur Windows Media.

Chapitre 2

Filmer et photographier

Ce chapitre explique le B.A.-BA de l'utilisation d'une Webcam : peaufiner les réglages, prendre des clichés, filmer et enregistrer ces données sur le disque dur de l'ordinateur.

Les paramètres de prise de vue

Avant de commencer à filmer, il faut entrer un minimum de données via l'application qui gère votre Webcam. Le modèle de caméra que nous avons utilisé pour cet ouvrage est très courant, représentatif de la plupart des Webcams : la Logitech QuickCamPro 3000. Le logiciel permettant de la faire fonctionner est QuickCam. Si vous possédez un autre modèle ou une autre application, vous ne serez pas pénalisé dans la mesure où les réglages de base sont communs à tous les modèles.

Première *prise en main*

L'interface se présente simplement : les onglets situés en haut de la fenêtre permettent de choisir une activité. Pour pratiquer les réglages de la caméra, choisissez la première activité : **Créer des images et des vidéos**.

Nous verrons plus loin en détail les autres activités. Si vous cliquez sur le premier onglet, l'interface se complète.

Cette interface est composée de trois parties :

- La fenêtre **Créer des images et des vidéos**, dans la partie gauche de l'interface, affiche ce que filme votre Webcam en temps réel.
- Au centre, votre collection d'images et de vidéos avec les miniatures correspondantes. Une petite icône de film située en haut à gauche des vignettes indique s'il s'agit d'une vidéo. Si elle est absente, cela signifie que le document est une image fixe. Pour sélectionner un document, cliquez une fois dessus. Pour l'ouvrir, double-cliquez dessus.

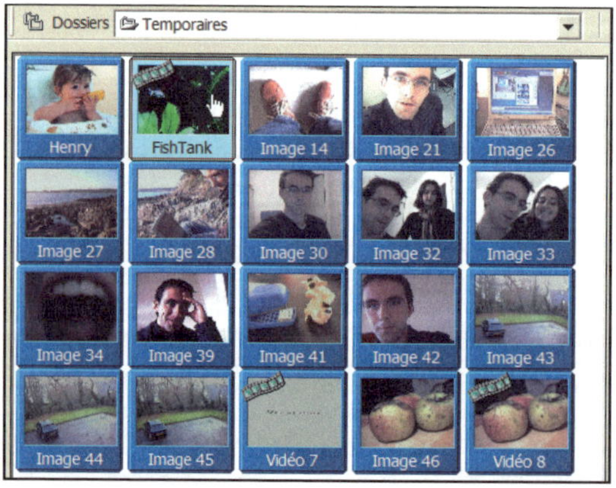

- À l'extrémité droite, quatre boutons permettent d'ouvrir, d'envoyer un fichier par courriel, d'imprimer ou de définir le fichier que vous avez sélectionné comme papier peint.

En pointant avec le curseur de la souris sur chacun des boutons, vous affichez sa description dans une info-bulle.

La petite flèche noire située au bas des deux boutons supérieurs permet d'accéder à un menu d'options associées, très simples, pratiques et assez explicites.

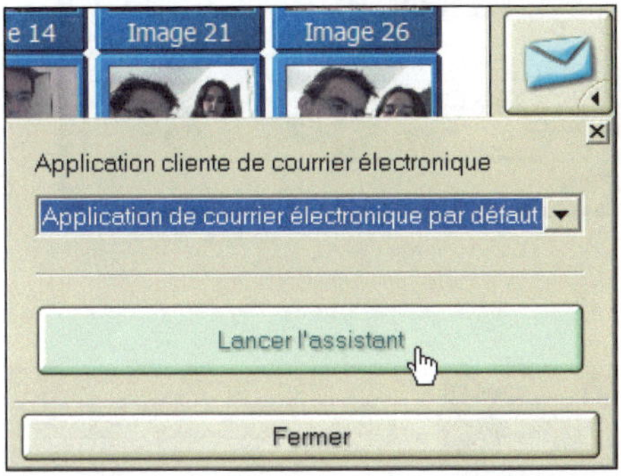

***La taille** de l'image*

Vous allez réduire la taille de l'image de 320×240 pixels à 160×120 pixels. Pour régler la taille de l'image de la vidéo (ou de la photographie) que vous souhaitez réaliser, vous avez deux solutions :

- Soit vous repérez les dimensions affichées juste sous l'image. Cliquez sur la flèche noire située à l'extrémité droite pour afficher un menu.

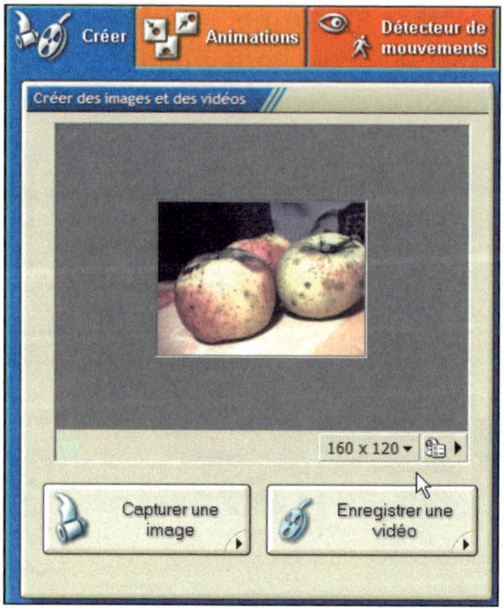

Différentes tailles sont alors disponibles. Cliquez sur l'une d'elles pour la sélectionner.

Ces dimensions sont exprimées sous la forme largeur×longueur, en pixels. Lorsque vous sélectionnez une taille, l'image prend aussitôt les dimensions correspondantes. Cela permet de juger en un clin d'œil du résultat. Toutefois, si vous choisissez la taille maximale, la fenêtre risque de ne pas s'adapter : cela prendrait trop de place à l'écran et il serait impossible d'accéder à la totalité de l'interface. Pour autant, lorsque vous filmez, les images sont enregistrées dans la dimension choisie.

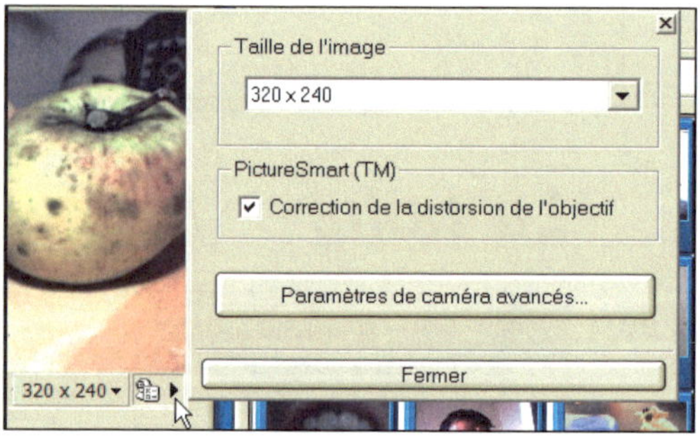

- La deuxième solution consiste à faire appel à la boîte de dialogue permettant de modifier une multitude de paramètres. Cliquez sur l'icône située juste à côté de la dimension. Une petite fenêtre s'affiche.

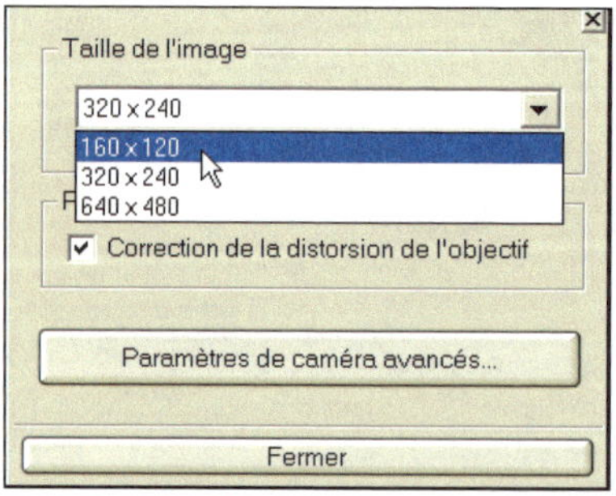

Dans la liste déroulante, choisissez les dimensions qui vous conviennent, puis cliquez sur le bouton **Fermer** pour revenir à la fenêtre initiale.

Le bouton **Paramètres de caméra avancés** permet d'accéder à de nombreuses options. Cliquez sur ce bouton pour ouvrir la boîte de dialogue **Propriétés** présentant les paramètres.

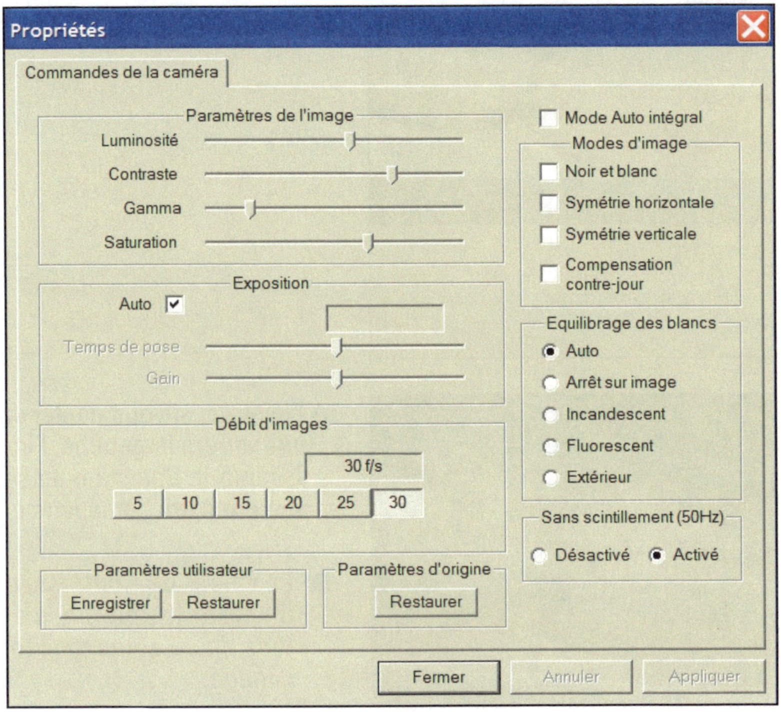

Les autres paramètres *de l'image*

La première rubrique de la boîte de dialogue réunit quatre curseurs, qui fonctionnent selon le même principe. Vous pouvez les faire glisser le long de leur axe en cliquant dessus.

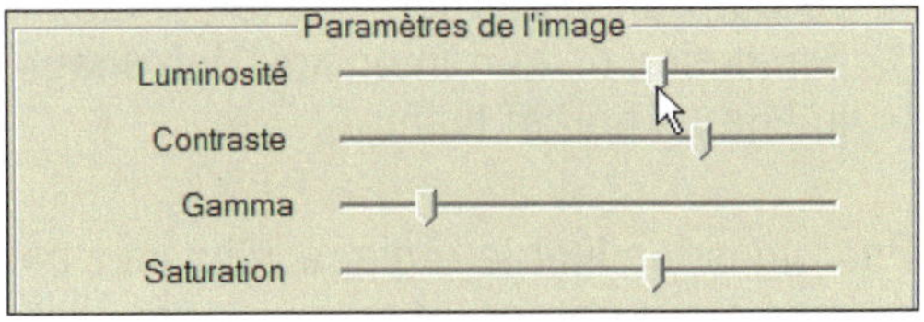

- Le premier, *Luminosité*, modifie la luminosité de l'image, c'est-à-dire qu'il lui donne plus ou moins de clarté. Pour augmenter la luminosité de l'image capturée par la Webcam, faites-le glisser vers la droite.

Le résultat est immédiat sur l'image de visualisation : elle devient plus claire.

À l'inverse, si vous déplacez le curseur vers la gauche, l'image s'assombrit. L'ajustement se fait donc à vue d'œil, très intuitivement.

- La valeur de *Contraste* permet d'ajuster la différence entre les tons clairs et les tons foncés de l'image.
- Le *Gamma* représente la luminosité des tons moyens. Ce curseur augmente ou diminue la luminosité d'une image en préservant celle des blancs et des noirs.
- La *Saturation* permet l'ajustement des couleurs par augmentation ou diminution de leur intensité. Une image avec une saturation à 0 est une image en noir et blanc.

Pour vous faciliter le réglage, n'hésitez pas à déplacer la boîte de dialogue de manière à garder un œil sur le résultat donné en temps réel dans la fenêtre de prévisualisation.

L'exposition

La rubrique suivante, *Exposition*, ne devrait présenter aucune difficulté pour les photographes déjà familiers avec ce type de problème.

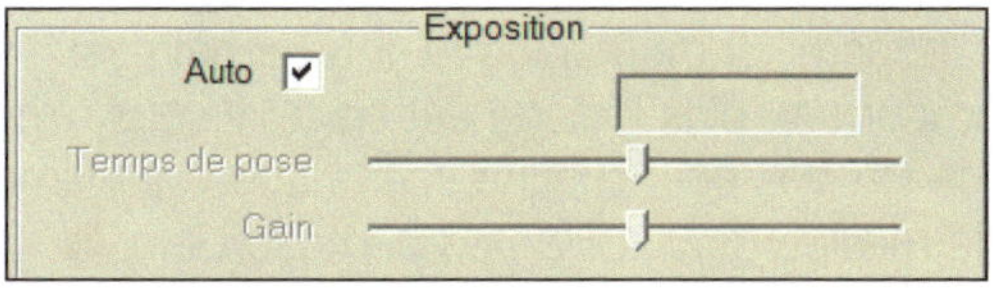

Les paramètres de l'exposition peuvent faire double emploi avec ceux décrits plus haut. En effet, il s'agit ici d'agir sur la luminosité globale de l'image.

Si vous ne souhaitez pas faire d'effets de lumière particuliers ou si vous n'aimez pas les mauvaises surprises, choisissez le mode automatique en cochant la case *Auto*. Le logiciel fera alors les réglages pour un très bon rendu dans des conditions normales d'éclairage.

Les réglages manuels de l'exposition font intervenir deux paramètres : le *Temps de pose* et le *Gain*. Lorsque la case *Auto* est cochée, ces réglages ne sont pas accessibles et apparaissent en grisé.

1 Pour agir sur les paramètres, décochez la case *Auto*.

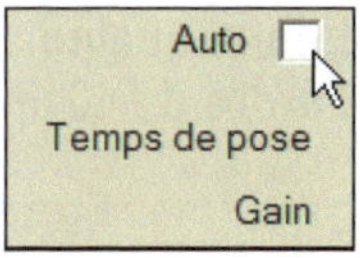

2 Le curseur de *Temps de pose* se déplace horizontalement, comme tous les autres. En le faisant glisser, vous modifiez sa valeur (indiquée juste au-dessus en fraction de seconde). Plus le temps de pose est long, plus l'image apparaît claire. Un temps de pose réduit n'a d'intérêt que pour les scènes très éclairées.

3 Le curseur situé juste en dessous représente le *Gain*. Cette valeur peut être assimilée à l'ouverture d'un diaphragme d'appareil photographique. Plus le gain est important, plus l'image est claire. Il vous revient de trouver, pour chaque scène que vous filmez, le meilleur couple *Temps de pose/Gain*. ■

L'intérêt du mode manuel se ressent lorsqu'on filme des scènes « travaillées » destinées à être archivées, comme un goûter d'anniversaire ou une visite guidée d'un nouvel appartement... En effet, les lumières de chaque scène peuvent être très différentes (contre-jour, obscurité...). Un réglage manuel des paramètres d'exposition est alors recommandé. Dans tous les autres cas, sélectionnez le mode automatique.

Le débit *d'images*

Le débit d'images est un paramètre simple à comprendre. Il s'agit de déterminer combien d'images seront enregistrées en une seconde de vidéo. Plus ce nombre est élevé, plus le film est fluide.

Pour notre modèle de Webcam, nous avons un débit maximum de 30 images/seconde, ce qui est largement suffisant pour obtenir de films de bonne qualité. Certaines Webcams proposent des débits plus élevés, de l'ordre de 60 images/seconde.

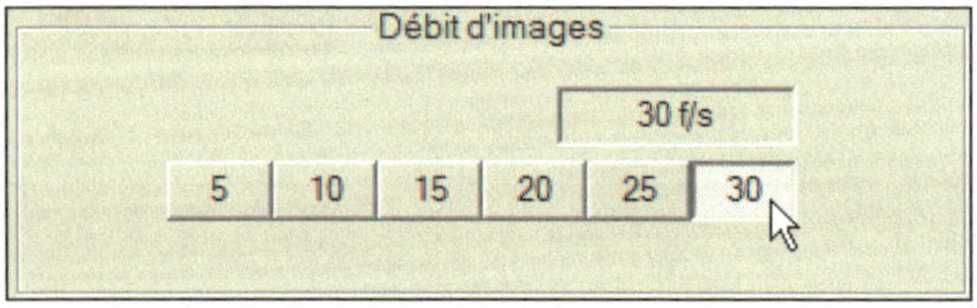

Pour définir un débit d'images, cliquez sur le bouton correspondant. La valeur s'affiche dans la case située juste au-dessus. Dans notre exemple, nous avons choisi de filmer à 30 images/seconde.

En choisissant un débit moins élevé, vous réduisez le poids final du fichier généré. Vous réduisez également la qualité du film (il sera plus saccadé). Comme d'habitude, il faut faire un compromis entre la taille du fichier et la qualité !

Les modes *d'images*

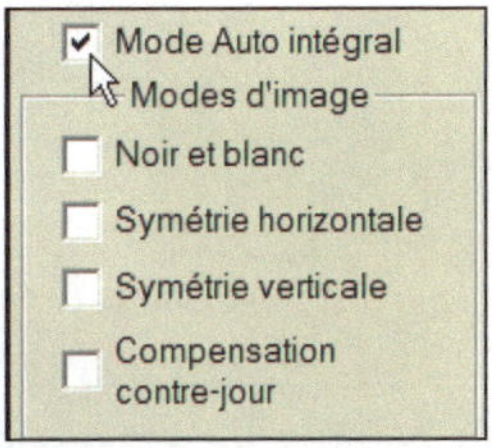

Si vous cochez la case *Mode Auto intégral* en haut à droite de la boîte de dialogue, tous les paramètres sont grisés et ne sont plus accessibles. C'est le logiciel qui choisit pour vous les réglages qui conviennent le mieux grâce aux données que lui fournit la cellule de la Webcam. Seuls les modes d'images peuvent être modifiés.

Ces modes représentent les caractéristiques générales de l'image. Voici leurs effets :

- Le mode *Noir et blanc* supprime les couleurs de l'image.

- La *Symétrie horizontale* rend l'image d'un miroir.

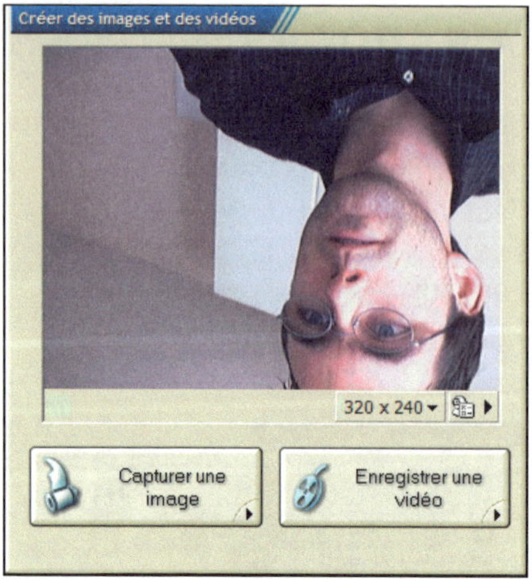

- La *Symétrie verticale* bascule l'image de haut en bas.

- La *Compensation de contre-jour* permet de corriger l'exposition de la scène de premier plan quand la lumière d'arrière-plan est trop intense.

Équilibrage des blancs

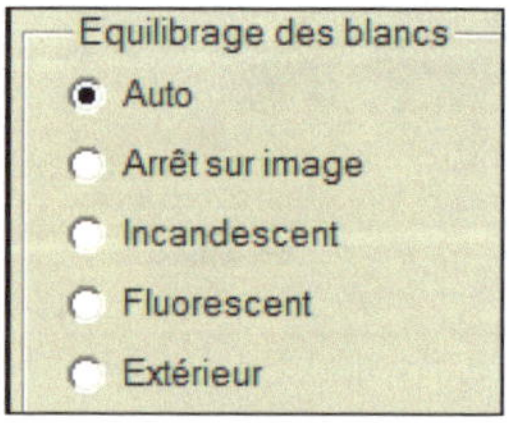

Le menu d'équilibrage des blancs permet de donner une teinte spécifique à l'image filmée. Les préréglages sont au nombre de cinq :

- Le mode *Auto* donne un rendu assez proche de la réalité, notamment au niveau des teintes chair qui apparaissent correctement.

- En cochant l'option *Arrêt sur image*, vous préservez le rendu courant.
- Le mode *Incandescent* donne à l'image une teinte légèrement bleutée, qui rend parfois un visage blafard. Il permet de corriger certains éclairages d'intérieur qui ont tendance à « réchauffer » l'image avec des tons rouges.
- L'option *Fluorescent* jaunit légèrement l'image. Ce mode n'a pas de réel intérêt, sauf peut-être quand vous filmez à l'extérieur. Il peut alors donner un peu plus de chaleur à l'image. Il permet également de s'amuser avec les couleurs !
- Utilisé avec des lumières artificielles en intérieur, le mode *Extérieur* offre une image très particulière. Sauf pour des effets spéciaux, il n'est pas utile à l'intérieur. En revanche, lorsque vous filmez une scène en extérieur, il améliore le rendu en accentuant les teintes orangées.

Prendre des clichés

Prendre des photographies avec une Webcam peut sembler complètement inutile tant les contraintes sont fortes : impossibilité d'obtenir un tirage papier de qualité, champ d'action réduit, absence de zoom en général…

Pourtant, à l'usage, cette fonctionnalité devient très pratique et même ludique. Vous apprécierez la simplicité de l'opération, l'instantanéité et la possibilité de partager des images avec des proches, en temps réel, aux quatre coins de la planète.

Un cliché instantané

Certaines caméras disposent d'un bouton dédié, placé à proximité de l'objectif. Comme sur un appareil photo, il suffit de le presser pour prendre le cliché.

Mais la plupart des Webcams sont commandées via leur logiciel de gestion. Voyons comment prendre une photo de la manière la plus simple :

1 Lancez le logiciel d'exploitation de votre Webcam et choisissez l'activité **Créer**.

2 Situé juste sous la fenêtre de visualisation, le bouton **Capturer une image** permet de prendre un instantané de l'image filmée par la caméra.

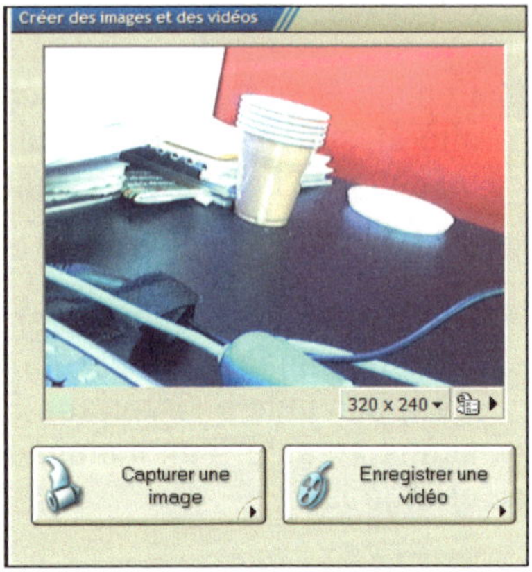

3 Lorsque vous appuyez sur le bouton, un signal sonore est émis, signifiant que l'image a été figée. Quelques instants après, une boîte de dialogue permet d'affiner quelques réglages de l'image (nous y reviendrons). Pour l'instant, cliquez sur le bouton **Fermer**.

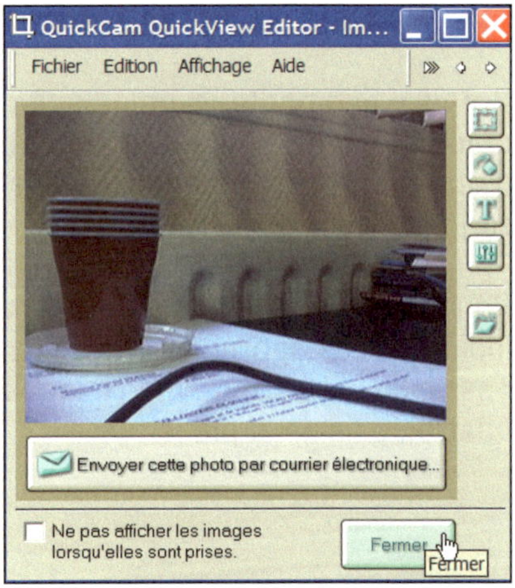

4 La nouvelle photo est insérée dans votre collection. Vous pouvez l'ouvrir en double-cliquant sur la vignette correspondante. ■

Le retardateur

Il peut être nécessaire d'avoir les mains libres ou de s'éloigner de l'ordinateur pour prendre une photo. Pour ce faire, il existe une option très pratique : le retardateur.

1 Le bouton **Capturer une image** présente, sur son angle inférieur droit, une petite flèche noire. Cliquez dessus pour dérouler le menu d'options relatives à la prise de vue.

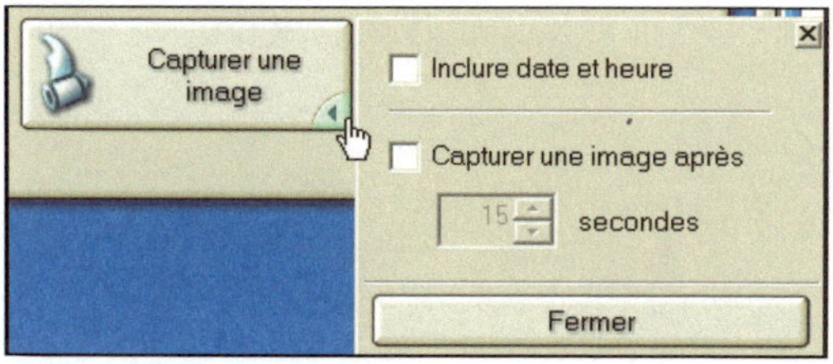

2 Vous pouvez inclure la date et l'heure sur votre image en cochant la case *Inclure date et heure*.

3 Si vous cochez la case *Capturer une image après*, la partie située en dessous, qui était grisée, devient alors accessible.

4 Utilisez les flèches pour augmenter la durée du retardateur ou entrez directement une valeur dans le champ approprié. Cette durée représente le temps qui séparera le moment où vous cliquerez sur le bouton de prise de vue et le moment où le logiciel figera l'image de la Webcam. La valeur maximale est de 60 secondes, ce qui vous laisse le temps de bien vous placer et de préparer votre plus beau sourire ! Quand vous avez entré la valeur qui vous convient, cliquez sur le bouton **Fermer**. Le retardateur est prêt à fonctionner.

5 Dorénavant, à chaque fois que vous cliquerez sur le bouton **Capturer une image**, le retardateur s'activera. Le décompte avant que « le petit oiseau ne sorte » est affiché sous l'image de visualisation. Pour annuler la prise de vue, cliquez sur le bouton d'annulation.

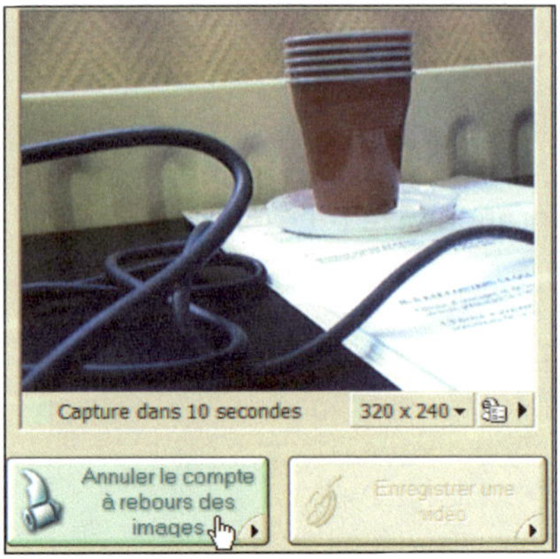

6 L'image est figée lorsque le compteur arrive à 0. La fenêtre permettant de modifier les paramètres d'image s'ouvre dès que la photo est prise. Cliquez sur le bouton **Fermer** pour revenir à la fenêtre initiale. Votre photo est insérée dans votre collection. Pour l'ouvrir, double-cliquez sur sa vignette. ■

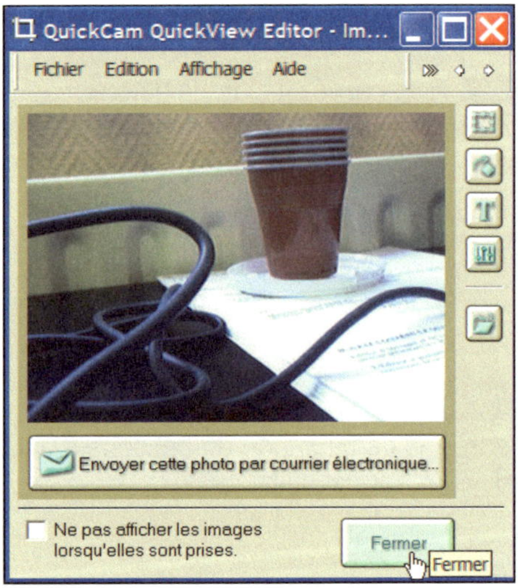

Améliorer *la photo*

Nous avons vu au début de ce chapitre, comment régler les paramètres de l'image avant de prendre une photo ou avant de commencer à filmer. Il est aussi possible d'intervenir sur quelques détails après la prise de vue et de personnaliser l'image pour en faire une carte postale virtuelle par exemple.

L'interface disponible permet d'affiner quelques paramètres. Vous pouvez également utiliser votre logiciel de retouche d'image favori pour effectuer ces modifications.

1 Double-cliquez sur une vignette-image de votre collection pour afficher la boîte de dialogue de réglage de l'image.

2 Cette dernière est l'équivalent d'un logiciel de traitement d'image minimal. Vous disposez d'une barre de menu et de plusieurs boutons sur la droite.

3 Les boutons situés en haut à droite permettent de changer d'image : soit vous visionnez toute votre collection sous forme d'un diaporama (les images défilent les unes après les autres automatiquement) en cliquant sur le bouton de gauche, soit vous la visionnez manuellement en utilisant les flèches de droite.

4 Les boutons de droite permettent d'intervenir sur l'image à proprement parler.

5 Les boutons du bas permettent d'envoyer directement l'image par courriel et de fermer la fenêtre de réglage. ■

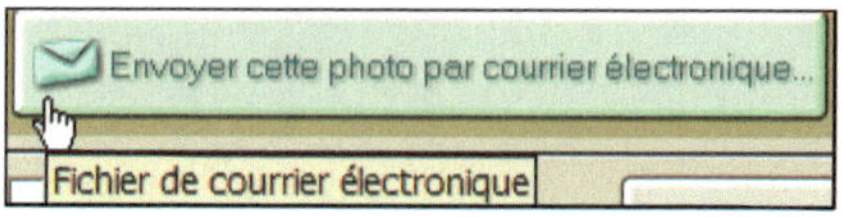

Recadrer l'image

1 Pour recadrer une image prise par votre caméra, cliquez sur le bouton **Recadrer** situé au-dessus des boutons, sur la droite de l'interface.

2 Huit poignées apparaissent alors aux quatre angles et sur les parties médianes de l'image.

3 Positionnez le pointeur sur l'une d'elles et, tout en maintenant le bouton de la souris enfoncé, faites-la glisser vers l'intérieur de l'image. Une partie grisée indique la zone qui sera tronquée après le recadrage.

4 Ajustez la position des poignées et cliquez sur le bouton **Recadrer**. L'image est alors redimensionnée. ■

Faire pivoter l'image

1 Le deuxième bouton permet de faire pivoter l'image. Cette solution est pratique si vous souhaitez varier les formats et faire des images « verticales ».

2 L'utilisation de ce bouton est simple. Cliquez dessus pour que l'image pivote de 90° dans le sens des aiguilles d'une montre. Si vous cliquez deux fois successivement, l'image se retrouve inversée. Pour revenir à la position initiale, cliquez quatre fois dessus. ■

Ajouter du texte

1 Pour ajouter du texte sur une image, cliquez sur le bouton **Ajouter du texte**.

2 Dans l'éditeur de texte qui s'ouvre, saisissez votre texte.

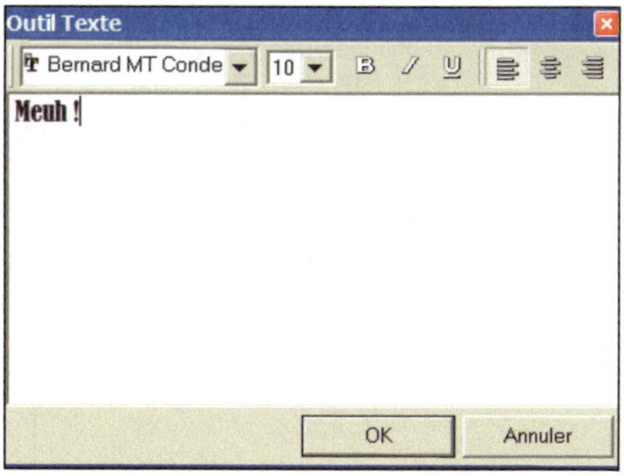

3 La barre de mise en forme située en haut de l'éditeur permet des opérations de base telles que le choix de la police de caractères (dans la liste déroulante) ou de la taille du texte. Les boutons **Gras**, **Italique** et **Souligné** permettent de donner du relief au texte. Enfin, sur la droite de la barre se trouvent les options de justification de texte, utiles si votre commentaire est réparti sur plusieurs lignes.

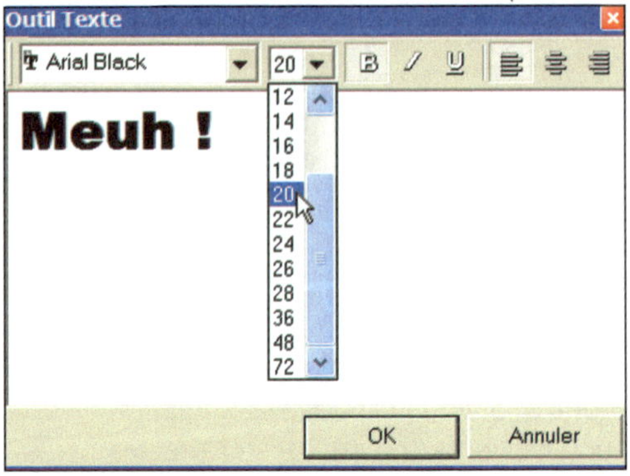

4 Une fois la saisie terminée, cliquez sur le bouton OK. Le texte s'affiche alors sur l'image. Il est possible de le positionner à votre guise. Pour ce faire, placez le pointeur sur le texte. Le curseur prend la forme d'une croix. En maintenant le bouton gauche de la souris enfoncé, faites-le glisser jusqu'à la position voulue puis cliquez sur le bouton **Accepter**. ■

Régler l'image

1 En cliquant sur le bouton **Régler l'image**, vous ouvrez une boîte de dialogue très simple.

2 Cette boîte de dialogue permet de régler trois paramètres : la luminosité, le contraste et la netteté de l'image. Pour cela, vous disposez de trois curseurs.

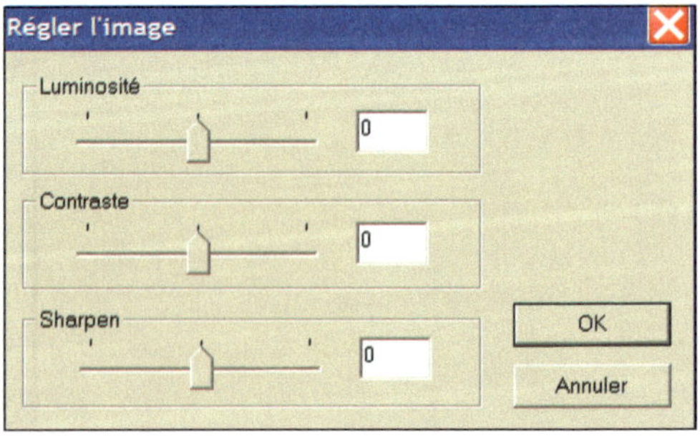

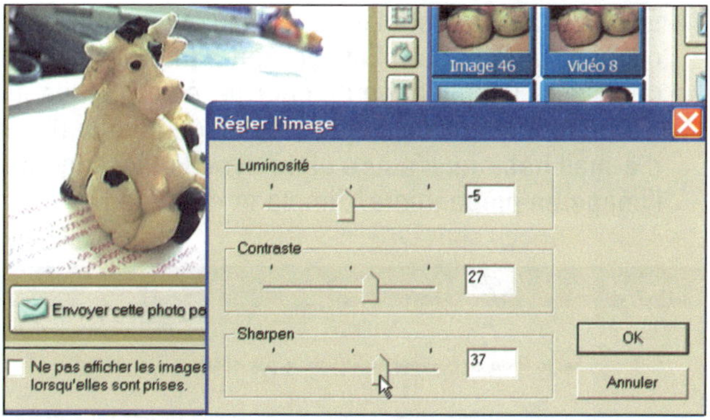

3 En faisant glisser les curseurs vers la gauche, vous diminuez les effets associés. À l'inverse, un déplacement vers la droite les accentue. Afin de visionner directement l'effet de vos modifications, déplacez la boîte de dialogue pour afficher la fenêtre de visualisation de l'image. Les effets sont reportés en temps réel. ■

Le dernier bouton de la colonne de droite de l'éditeur permet de changer d'éditeur d'image pour ouvrir la photographie dans un autre logiciel plus complet ou mieux maîtrisé que l'éditeur par défaut. Faites votre choix dans la liste déroulante qui s'affiche lorsque vous cliquez sur ledit bouton.

Pour clore votre travail, vous avez trois solutions :

- Fermez l'éditeur sans sauvegarder les modifications que vous avez faites sur l'image. Pour cela, cliquez sur le bouton **Fermer** situé en bas à droite et répondez par la négative quand une fenêtre vous demande si vous désirez enregistrer la nouvelle version de l'image.

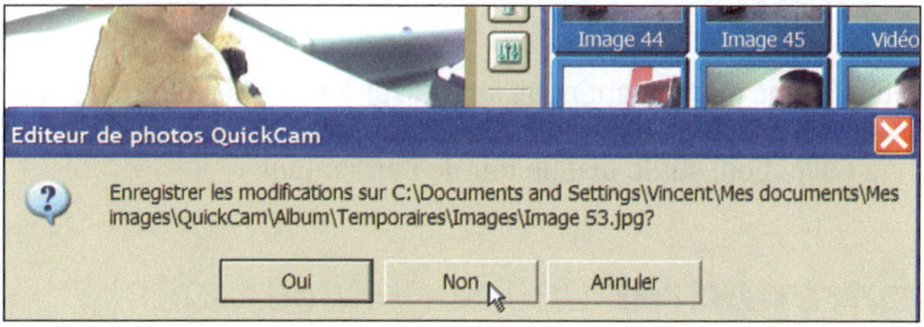

- Sauvegardez la nouvelle version de l'image et fermez l'éditeur. Pour cela, cliquez sur le bouton **Sauvegarder et fermer**. L'image modifiée remplace désormais l'ancienne version dans la collection.

- Envoyez directement l'image à l'un de vos amis par courriel. En ce sens, cliquez sur le bouton **Envoyer cette photo par courrier électronique**, choisissez l'application de courrier électronique que vous utilisez d'habitude et entrez un petit message pour le destinataire. Votre logiciel d'e-mail habituel s'ouvre alors avec le message que vous avez entré et l'image en pièce jointe. Simple et efficace !

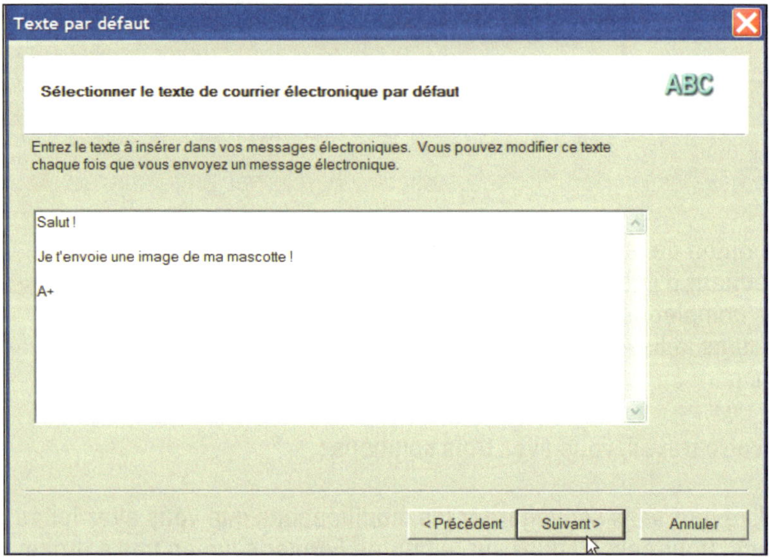

Filmer

Nous allons maintenant nous intéresser à une utilisation très importante des Webcams. Il s'agit d'enregistrer des séquences vidéo et de les stocker dans une collection, sur le disque dur de l'ordinateur.

Enregistrer *une séquence vidéo*

Filmer avec une Webcam, rien de plus simple ! Quelques options sont nécessaires, mais le travail de paramétrage de l'image a déjà été effectué (voir page 27).

Lancez le logiciel de gestion de la Webcam et choisissez l'activité **Enregistrer des vidéos**.

1 Pour commencer à filmer tout de suite, cliquez sur le bouton **Enregistrer une vidéo**. Par défaut, l'enregistrement vidéo débute.

2 Pour arrêter l'enregistrement, cliquez sur le bouton **Enregistrement en cours**.

Durant l'enregistrement, la fenêtre de visualisation du logiciel de gestion de la Webcam est le seul moyen d'observer précisément la scène. À l'arrêt de l'enregistrement, une fenêtre s'ouvre (comme il s'en ouvre une lorsque vous prenez une photo). Cette fenêtre est une interface rudimentaire permettant de visionner ce que vous avez filmé. Le film est lancé automatiquement.

Lorsque vous fermez cette fenêtre, le film prend place dans votre collection. Pour le visionner de nouveau, double-cliquez sur sa vignette.

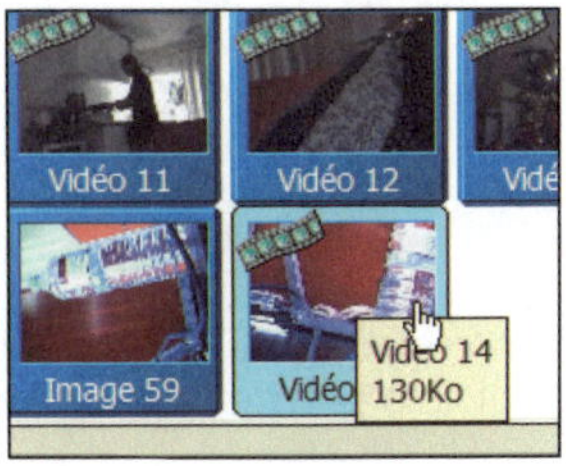

Les différents formats

Il est possible d'enregistrer vos vidéos sous différents formats. Cela permet de compresser les données et d'obtenir des fichiers plus légers. Cette compression est intéressante lorsqu'on utilise ou échange des films sur le Web. Mais cette perte de poids n'est pas sans conséquence sur la qualité du film.

1 Pour enregistrer un film dans le dossier de votre choix et dans un format spécifique, double-cliquez sur la vignette du film. Dans le menu de la fenêtre qui s'ouvre, choisissez **Fichier/Enregistrer sous**.

2 Indiquez l'emplacement de stockage de votre film dans la liste déroulante *Enregistrer dans*.

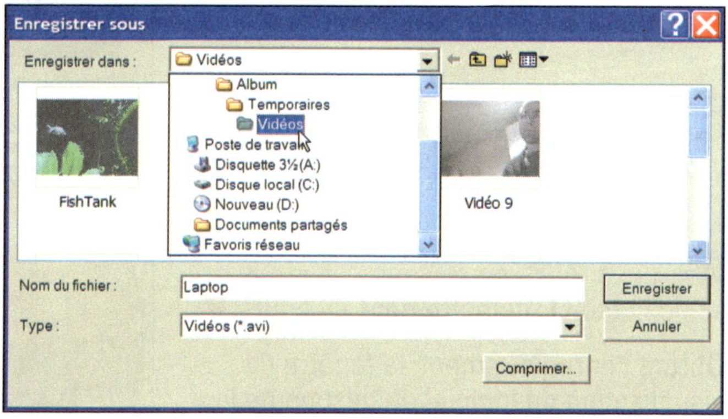

3 Par défaut, le film est enregistré sous le format *.avi*. Ce format offre une bonne qualité. Pour accéder au menu permettant de compresser le fichier, cliquez sur le bouton **Comprimer**. La fenêtre qui s'ouvre propose plusieurs formats. Sélectionnez le **codec** qu'utilisent les personnes qui visualiseront le film.

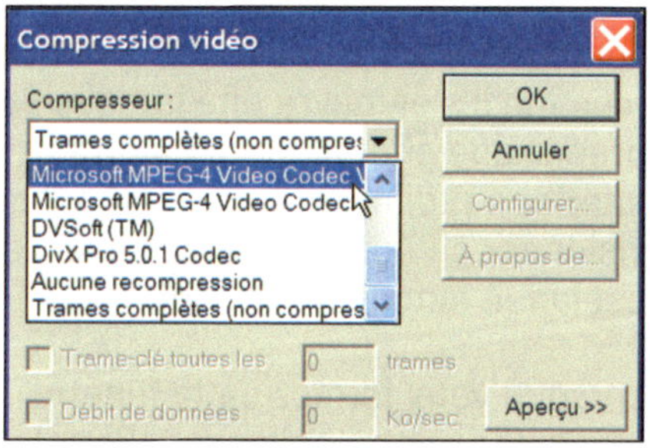

Codec

Un codec est un « codeur-décodeur ». C'est le terme utilisé pour les petits logiciels permettant de lire certains formats de fichier.

4 Pour voir les modifications inhérentes à chacun des formats sélectionnés dans la liste déroulante *Compresseur*, cliquez sur le bouton **Aperçu** situé en bas à droite. Une petite fenêtre de visualisation s'ouvre alors sur le côté.

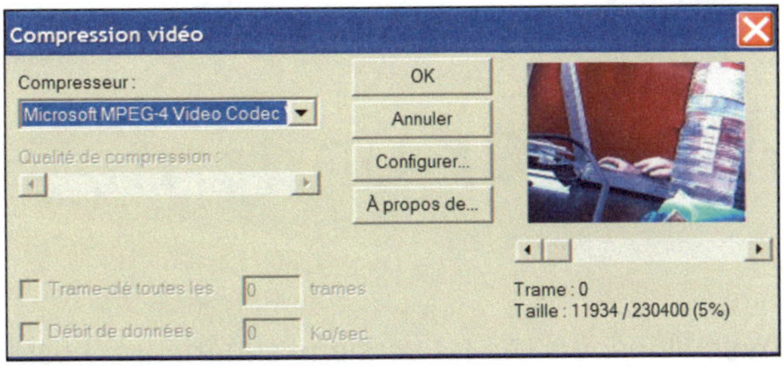

Les principaux formats de film sont *.mpeg*, *.divX* et *.avi*. En choisissant l'un de ces formats, vous êtes certain que la quasi-totalité des utilisateurs pourra voir le film sans problème.

Visionner *un enregistrement*

De la même manière qu'un magnétoscope est nécessaire pour lire une cassette vidéo ou qu'un lecteur de DVD est indispensable pour visionner un DVD, un lecteur doit être installé sur votre disque dur pour la visualisation des fichiers-films.

Il existe plusieurs lecteurs de fichiers vidéo. Parmi les plus répandus, citons :

- Winamp : ce lecteur est très réputé pour la lecture de fichiers musicaux (*.mp3*). Winamp3 est téléchargeable gratuitement sur le site www.winamp.com. Il permet de lire les fichiers vidéo.
- Windows Media Player : c'est un lecteur fourni avec Windows. Très pratique, très fonctionnel, il lit les fichiers vidéo et musicaux. Il propose également plusieurs options pour gérer une collection de fichiers multimédias.
- Real Player : c'est un lecteur très ergonomique et très pratique pour lire les fichiers vidéo (www.real.com).

Chapitre 3

Monter un film

Avec Windows Me (et versions supérieures) est fournie l'application Windows Movie Maker. Il s'agit d'un logiciel permettant de monter des films. Le montage est une activité essentielle dans la création d'un film. Il permet d'enchaîner différentes séquences vidéo, de créer des effets spéciaux ou encore, d'insérer du texte ou un commentaire en voix off.

Bien sûr, Windows Movie Maker est très rudimentaire. Il n'est pas question ici de se prendre pour un grand cinéaste. Pour autant, ce logiciel est intéressant car il est simple d'utilisation et surtout... il est gratuit !

Dans ce chapitre, nous allons aborder les différentes possibilités offertes par Windows Movie Maker en suivant chronologiquement la démarche de création d'un film.

Windows Movie Maker se trouve sur votre disque dur à l'emplacement suivant : *C:\Program Files\Movie Maker*. Pour lancer l'application, double-cliquez sur le fichier *moviemk*. Vous pouvez également le lancer à partir du menu **Démarrer** du Bureau (**Démarrer/Programmes/Accessoires/Windows Movie Maker**).

Si Movie Maker n'est pas installé par défaut sur votre ordinateur, il est possible de le télécharger à l'adresse www.microsoft.com/france/windows/default.asp.

L'interface de Movie Maker est divisée en cinq parties :

- Le menu classique, situé en haut, se présente sous la forme d'une barre horizontale avec des menus déroulants et des icônes permettant d'accéder à différentes fonctions du logiciel.
- Sur la partie gauche se trouve l'arborescence des dossiers dans lesquels vous pouvez placer votre collection de vidéos.

- La partie centrale est la plus grande. Elle permet d'accéder aux différentes parties du film que vous allez monter. Elles sont chacune représentées par une vignette descriptive nommée Clip 1, puis Clip 2...
- Complètement à droite se trouve la fenêtre de visualisation du film. Elle sert de lecteur. À tout moment, vous pouvez vérifier si vos transitions fonctionnent ou si le commentaire est bien calé.
- Toute la partie basse est réservée au montage à proprement parlé. Il s'agit d'une ligne de temps sur laquelle vous allez disposer les différents clips. Au final, l'enchaînement des différents clips formera le film définitif.

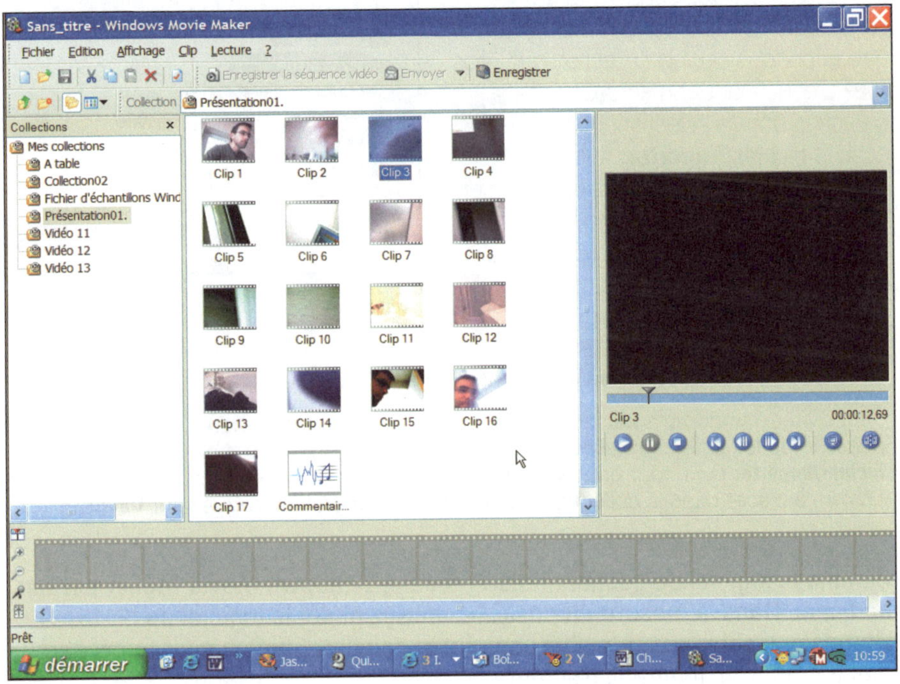

Préparer les différentes séquences

Avant toute chose, créez un espace sur le disque dur où vous allez stocker les différentes collections de clips nécessaires à un projet de film.

1 Pour cela, choisissez **Fichier/Nouveau/Collection** ou cliquez directement sur l'icône de création de nouvelle collection.

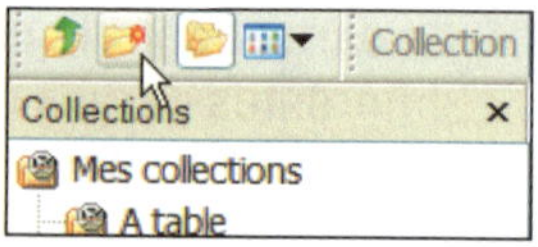

2 Un nouveau fichier s'ouvre dans l'arborescence. Il est surligné en bleu pour signifier que vous pouvez saisir un nom plus explicite pour le désigner. Renommez-le puis pressez la touche [Entrée] pour valider.

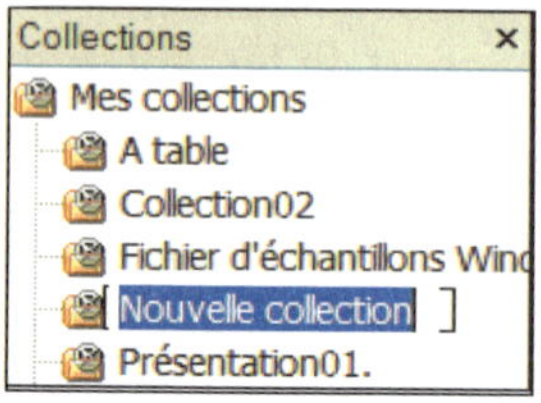

3 Les différentes séquences qui constitueront le film doivent maintenant être importées dans la collection que vous avez créée. Cliquez sur le dossier de la collection pour la sélectionner. Faites ensuite **Fichier/Importer**. Autre solution : cliquez du bouton droit sur la collection en question. Sélectionnez les vidéos dans la boîte de dialogue. Pour les inclure dans la collection, cliquez sur le bouton **Ouvrir**.

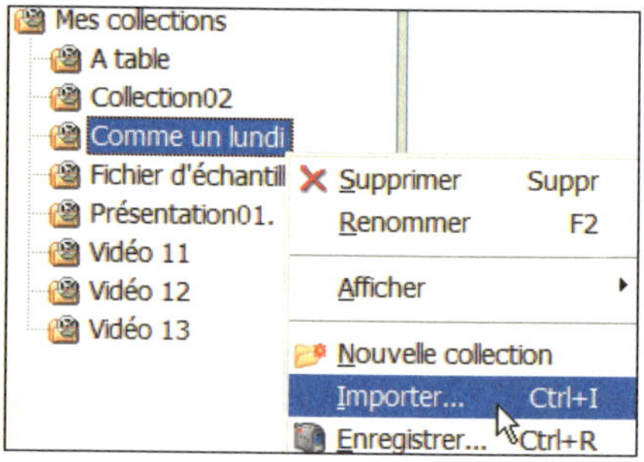

Sélectionner plusieurs clips à la fois

Pour éviter d'importer tous les clips un par un (ce qui peut prendre du temps), il est possible de les sélectionner tous en une seule fois. Pour cela, choisissez **Fichier/Importer** puis, tout en maintenant la touche [Ctrl] enfoncée, cliquez sur tous les fichiers à placer dans la collection. Pour terminer l'opération, cliquez sur **Ouvrir**.

Comme le logiciel de gestion de la Webcam, Windows Movie Maker permet de filmer. Dans la mesure du possible, utilisez plutôt le logiciel de la Webcam. Il est beaucoup plus complet et convivial, notamment au niveau des paramètres d'enregistrement.

En effet, les options de réglage sont ici fastidieuses. Pour accéder à la boîte de dialogue permettant de paramétrer la Webcam, cliquez sur l'icône d'enregistrement située sous la barre de menus.

Dans la boîte de dialogue qui s'ouvre, cliquez sur le bouton **Modifier le périphérique**. Puis, dans la nouvelle boîte de dialogue, cliquez sur **Configurer**. La boîte de dialogue nécessaire pour effectuer les réglages de la caméra (luminosité, contraste, débit...) s'affiche enfin !

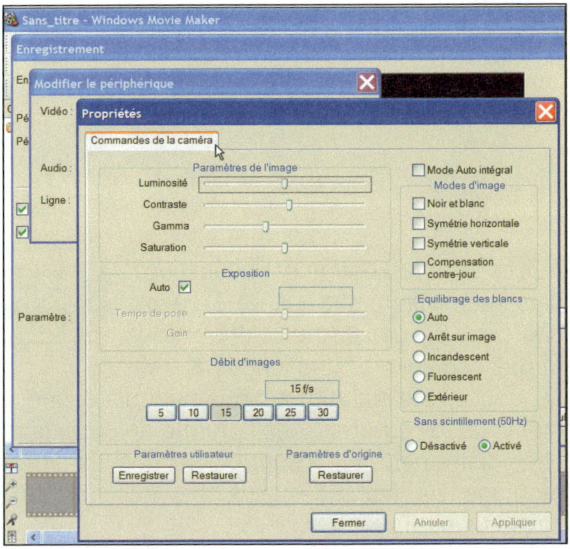

Une fois que les réglages sont faits, vous pouvez commencer à filmer.

1 Pour enregistrer une vidéo (ou prendre un cliché), choisissez **Fichier/Enregistrer** ou cliquez sur l'icône d'enregistrement.

2 Dans la boîte de dialogue qui s'ouvre, choisissez *Vidéo et audio* dans la liste déroulante *Enregistrer*.

3 Movie Maker détecte automatiquement les périphériques servant à l'acquisition des données audio et vidéo. Parfois, pour diverses raisons, il ne le fait pas. il est impossible alors d'enregistrer quoi que ce soit. Pour remédier à ce problème, une seule solution : cliquez sur le bouton **Modifier le périphérique**, choisissez, dans les listes déroulantes, le matériel que vous souhaitez utiliser et validez vos choix.

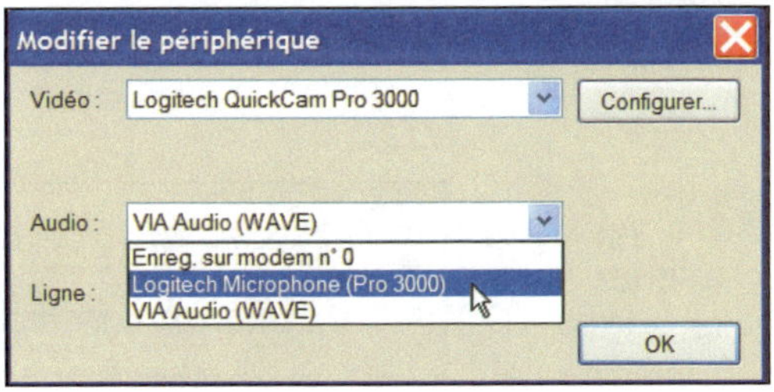

4 À ce niveau, vous pouvez intervenir sur deux paramètres de prise de vue. Le premier est la *Durée d'enregistrement maximale*. Il s'agit de donner une valeur précise. Cette option ne vous servira probablement pas souvent.

5 La seconde option est beaucoup plus intéressante. Il s'agit de *Créer des clips*. Si vous cochez cette case et que vous filmiez une longue séquence, elle est automatiquement découpée en séquences plus courtes que vous retrouverez sous la forme de clips dans votre collection à la fin de l'enregistrement. Elles sont beaucoup plus faciles à manipuler lors du montage. De même, les clips que vous importez sont également scindés en plusieurs petits clips.

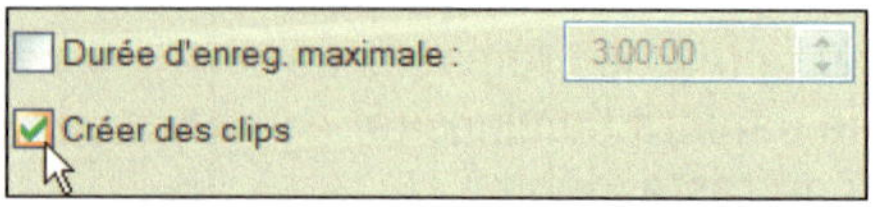

6 Il vous reste à définir la qualité d'image que vous souhaitez pour la séquence que vous allez filmer. La liste déroulante *Paramètre* propose quatre options : *Qualité élevée, moyenne, peu élevée* ou *Autre*. Plus la qualité est élevée, plus les fichiers générés sont lourds et donc moins facilement utilisables sur Internet.

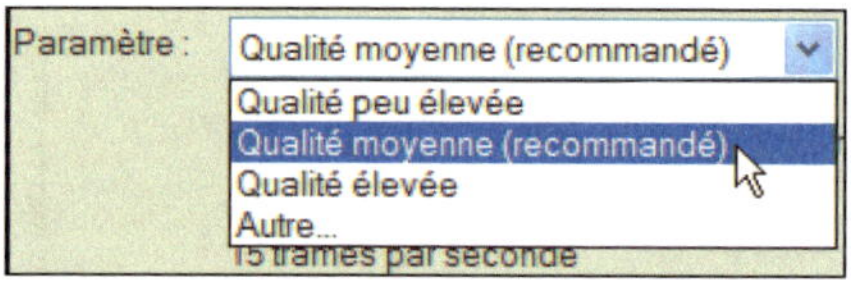

7 Si vous choisissez *Autre* dans la liste *Paramètre*, une autre liste devient alors accessible. Elle décrit explicitement l'utilisation optimale d'un film enregistré avec ces différents paramètres.

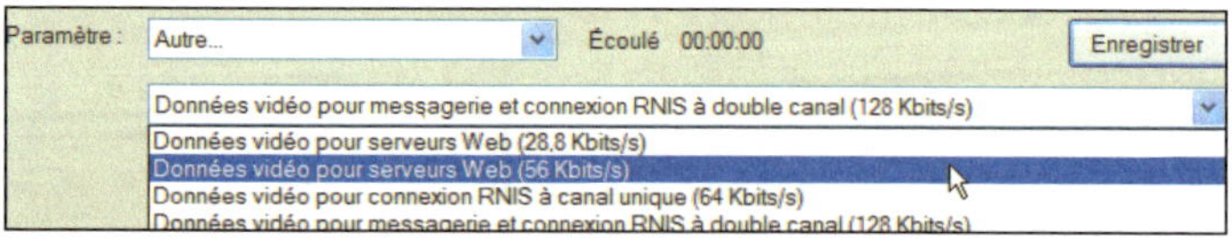

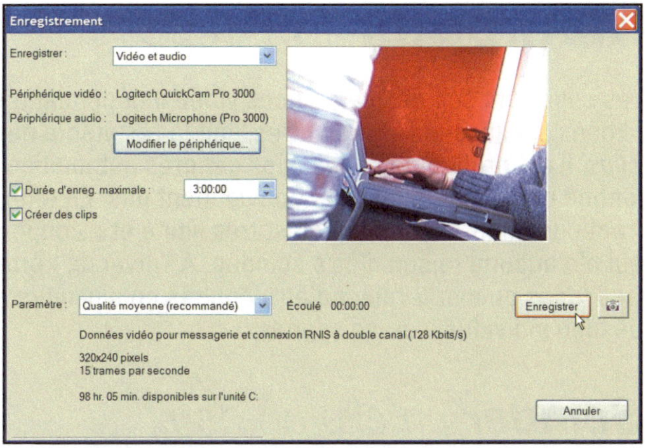

8 Tous les réglages sont terminés. Pour commencer à filmer, cliquez sur le bouton **Enregistrer**. La fenêtre de visualisation située au-dessus est là pour vous permettre de voir ce que vous filmez. La durée de l'enregistrement est indiquée près de la liste *Paramètre*. Pour arrêter l'enregistrement, cliquez à nouveau sur le bouton précédent. Lorsque l'enregistrement est en cours, ce bouton est nommé **Arrêter**. ■

Qualité des enregistrements

Lors de la prise de vue, n'hésitez pas à choisir une qualité élevée si votre ordinateur est assez puissant. Il sera toujours possible de la réduire par la suite pour une utilisation sur Internet par exemple, tout en préservant une qualité plus élevée pour d'autres usages.

Créer des clips

Dans la boîte de dialogue qui s'ouvre d'un clic sur le bouton **Enregistrer**, la case *Créer des clips* permet de scinder automatiquement les longues séquences que vous filmez en plusieurs petits clips. Les coupures se font automatiquement lorsque vous changez brusquement de scène. En effet, le logiciel interprète différentes données qui permettent d'identifier (autant que possible) deux scènes distinctes.

Une bonne méthode de travail et un minimum d'organisation dès le départ simplifient toutes les opérations de montage par la suite. Assurez-vous donc que tous les clips nécessaires au film sont présents dans la collection affichée. Si cela n'est pas le cas, recherchez les fichiers dans les dossiers où ils se trouvent et incorporez-les dans la collection principale par un simple copier-coller ou par un glisser-déposer.

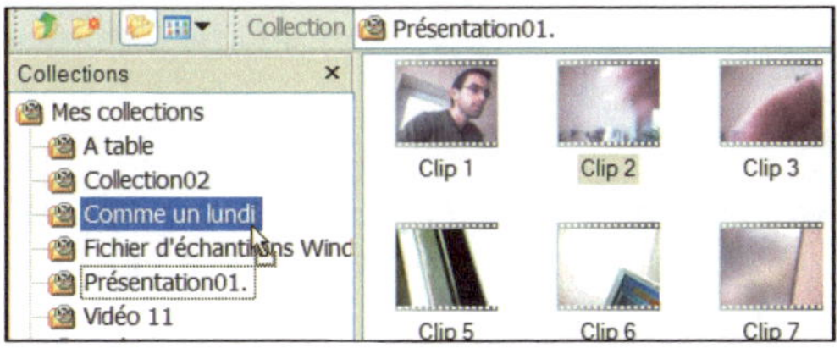

Manipuler les clips

Les clips sont soit des séquences vidéo indépendantes que vous avez filmées les unes après les autres, soit la résultante de l'option *Créer des clips*. Il est probable que les clips générés automatiquement lors d'une longue prise de vue ne vous conviennent pas. En effet, le système de fractionnement automatique est très limité et « coupe » parfois une scène qui n'a aucune raison d'être scindée. À l'inverse, certains clips peuvent être trop longs ou mériteraient d'être coupés en plusieurs parties. Il est important de bien individualiser les scènes.

Scinder un clip en deux

La séquence est trop longue ? Une partie de clip est inutile ? N'hésitez pas à couper ! L'opération est simple et produit, à partir d'un clip, deux clips plus petits, coupés à l'endroit que vous avez indiqué.

1 Cliquez une fois sur la vignette du clip que vous désirez fractionner. Vous constatez que la première image (ou trame) s'affiche dans le lecteur sur la droite.

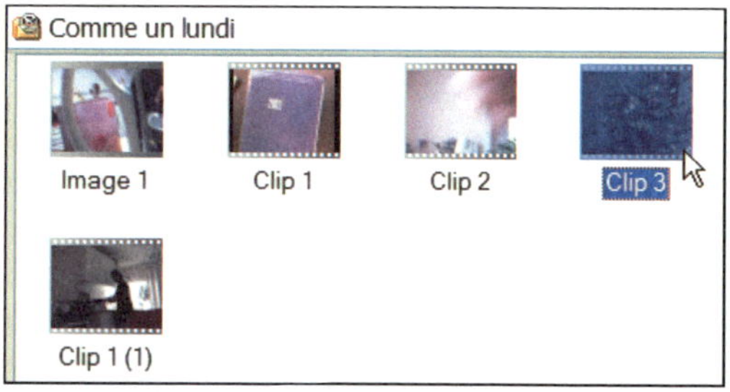

2 La barre bleue située en dessous de l'image est une barre de recherche. Vous pouvez déplacer le curseur en cliquant à un endroit de la barre. Plus le curseur avance vers la droite, plus on se rapproche de la fin du clip. Grâce à cette technique, vous trouverez aisément l'endroit du clip où vous voulez opérer la coupure.

3 Choisissez **Clip/Fractionner** ou cliquez sur le bouton **Fractionner le clip** situé sous la barre de recherche. ■

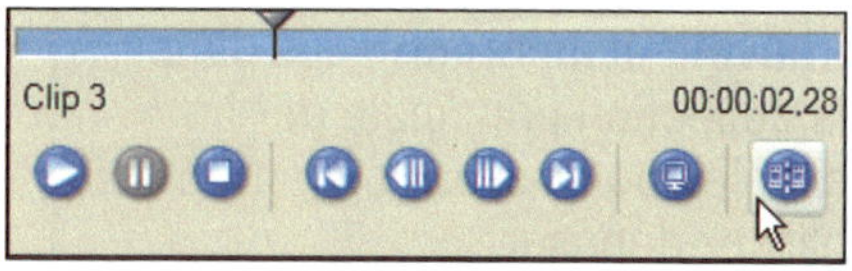

Les deux clips résultant de cette opération sont placés dans la collection. La deuxième partie porte le même nom que le clip d'origine, suivi d'un chiffre entre parenthèses.

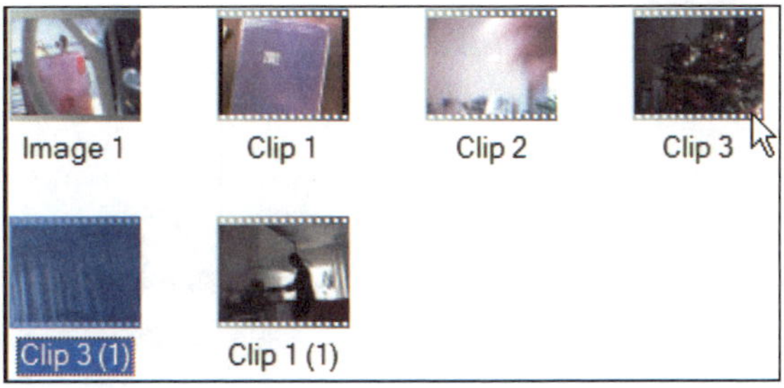

Fusionner deux clips

La fusion de deux clips est souvent nécessaire pour réparer les coupures inélégantes inhérentes à l'option *Créer des clips* (rappel : cette option fractionne automatiquement les séquences trop longues lorsque vous filmez avec Windows Movie Maker).

L'opération est simple et rapide à effectuer. Supposons que vous deviez réunir les clips A et B, dans cet ordre.

1 Dans votre collection, cliquez sur la vignette du clip A.

2 En maintenant la touche Ctrl enfoncée, cliquez sur la vignette du clip B. Les deux vignettes sont maintenant sélectionnées.

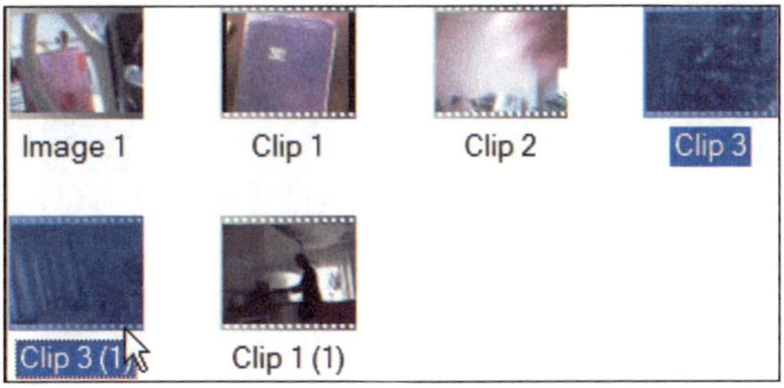

3 Choisissez **Clip/Associer** ou appuyez sur les touches [Ctrl]+[Maj]+[C]. Les deux clips se retrouvent fusionnés l'un après l'autre. ■

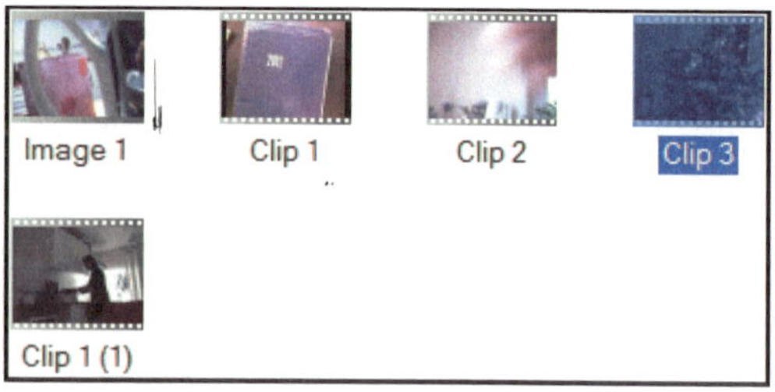

Prévoir les transitions

Quand vous scindez ou fusionnez des clips, ne « coupez » pas trop court. Prévoyez que les différents clips s'enchaîneront éventuellement avec des effets de transition, notamment de fondu. Pour la mise en œuvre de ce dernier effet, les deux extrémités des clips doivent être assez longues pour permettre un chevauchement sans amputer la scène principale.

Personnaliser *les propriétés d'un clip*

Personnaliser les propriétés des clips que vous manipulez est une opération apparemment inutile, mais qui permet de travailler confortablement et, surtout, de retrouver rapidement vos repères si vous exécutez un projet par intermittence.

Pour commencer, renommez chaque clip en lui donnant un nom aussi descriptif que possible. La méthode est la même que pour les fichiers ou dossiers : placez le pointeur sur la vignette du clip que vous désirez renommer et cliquez du bouton droit. Sélectionnez **Renommer** et saisissez le nouveau nom du clip. Pour valider, appuyez sur la touche [Entrée]. Faites de même pour chacune des vignettes.

1 Pour accéder aux propriétés plus avancées d'un clip, cliquez sur la vignette du clip en question. Ce faisant, vous le sélectionnez. Cliquez ensuite sur l'icône *Activation des propriétés du clip*.

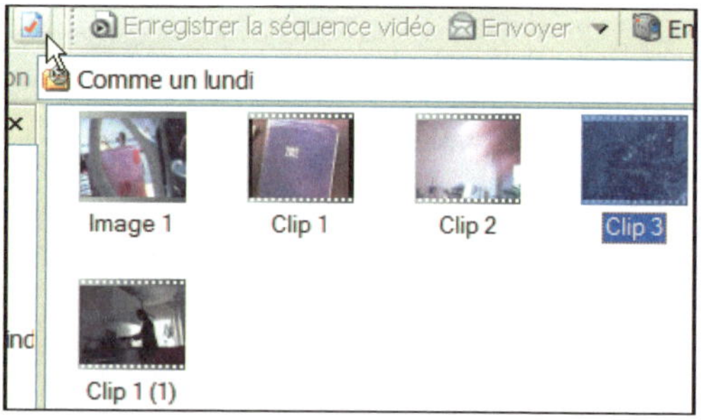

2 Dans la boîte de dialogue qui s'ouvre, modifiez à loisir le titre, le nom de l'auteur, la classification ou la description du clip. Il s'agit d'informations importantes si vous archivez vos clips ou si vous comptez travailler à plusieurs sur un même projet. ■

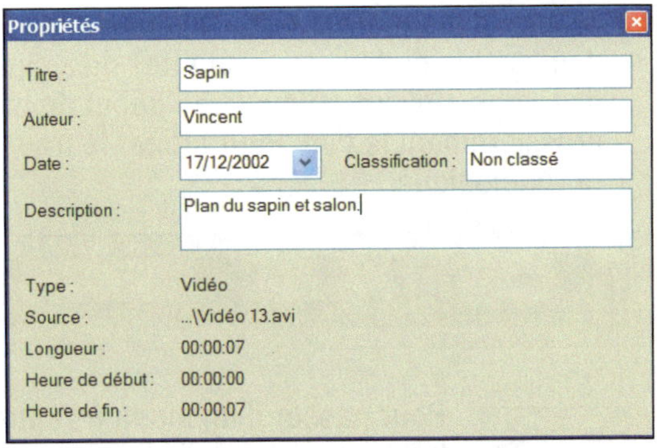

Sauvegarder un clip

Avant de manipuler un clip (de le couper ou de le fusionner avec un autre), il est préférable d'en faire une copie de sauvegarde. Pour cela, sélectionnez-le en cliquant dessus avec le bouton gauche de la souris. Choisissez **Fichier/Sauvegarder** et désignez un emplacement sur votre disque dur (ou tout autre support de stockage) pour stocker la copie du clip.

Juxtaposer les clips

Vous devez mettre bout à bout les différentes séquences du film. L'idéal est d'avoir établi un scénario (même succinct) sur une feuille de papier. Cela permet de savoir où l'on va. Bien sûr, la rédaction d'un scénario est complètement inutile si le film est court et utilise peu de clips. En revanche, quand le nombre de séquences à incorporer augmente, le scénario papier (faites figurer le nom des clips) est un outil appréciable, qui permet de se repérer.

La phase de montage en elle-même se déroule au bas de l'écran, sur la ligne de temps. Il faut choisir une méthode de travail :

- Mode Chronologique : la visualisation en mode Chronologique offre un rendu complet et détaillé de chaque clip. Les clips que vous placez sur la ligne de temps s'étalent sur une longueur proportionnelle à leur durée.

- Mode Séquentiel : la visualisation en mode Séquentiel donne une vision d'ensemble du film. Les vignettes des clips sont juxtaposées sur la ligne de temps. Utilisez ce mode au début du montage pour monter grossièrement le film. Pour affiner le travail, passez en mode Chronologique.

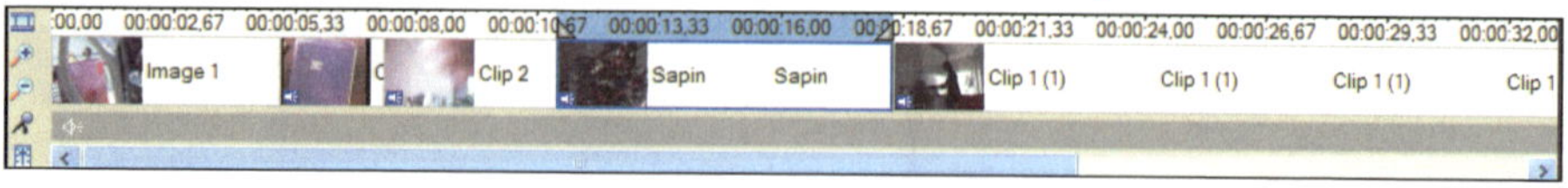

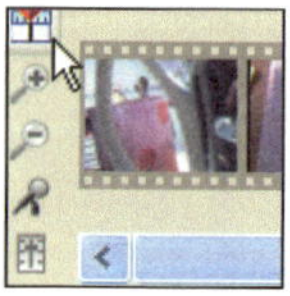

Pour passer d'un mode à l'autre, cliquez sur l'icône située en haut à gauche de la ligne de temps.

Pour commencer, choisissez le mode Séquentiel. La ligne de temps doit être vierge. Il s'agit d'aligner les clips dans le bon ordre sur la ligne de temps. Pour ce faire, glissez-déposez les vignettes des clips depuis la collection jusqu'à la ligne de temps.

Vous pouvez manipuler les vignettes comme bon vous semble. Si vous avez oublié d'en intégrer une, glissez-la à la bonne place entre les vignettes déjà présentes sur la ligne de temps. L'emplacement futur du clip est marqué par une ligne noire.

Si vous vous êtes trompé d'ordre, il est possible de corriger en glissant-déposant convenablement les vignettes mal placées sur la ligne de temps.

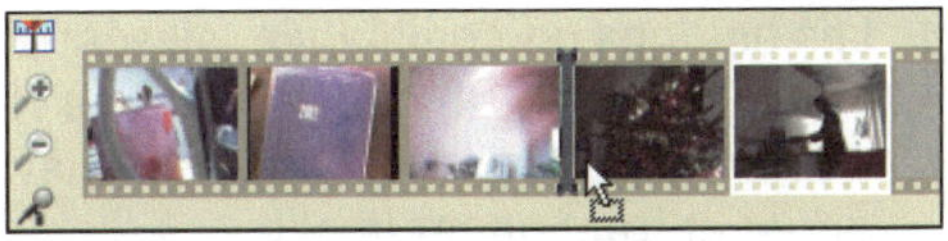

Pour supprimer un clip de la ligne de temps, cliquez dessus et appuyez sur la touche Suppr. Le clip disparaît de la ligne de temps, mais pas de la collection !

Une fois tous les clips insérés, il est temps de visualiser le résultat. Cela permet de vérifier que l'ordre des clips est correct et que les clips éventuellement fractionnés sont bien « coupés ». Pour ce faire, il faut utiliser le lecteur situé à droite de l'écran.

Lire le film

L'utilisation du lecteur est très intuitive. Nous avons déjà examiné la barre de recherche et quelques boutons, mais reprenons ici la totalité des fonctionnalités du lecteur.

- Il est composé d'un moniteur qui joue le rôle d'un téléviseur.
- La barre de recherche bleue située en dessous permet de se déplacer dans le film. Lorsque le curseur est complètement à gauche, le film est au début. Quand il est à droite, le film est à sa fin. Il est possible d'explorer la totalité du film en faisant glisser le curseur le long de cette barre.

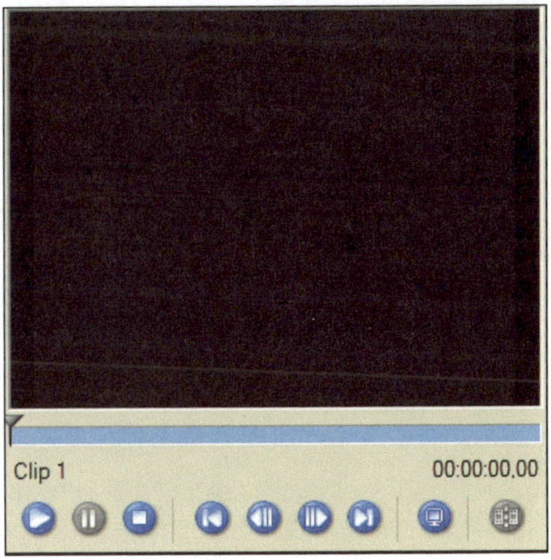

- Les caractéristiques indiquées sous la barre de recherche permettent de voir quel clip est en train d'être joué et depuis combien de temps il est lancé.

- Les boutons de commande utilisent la symbolique classique du magnétophone. De gauche à droite : lecture, pause, stop, reculer, reculer d'une trame, avancer d'une trame, avancer, visionner le moniteur en plein écran et fractionner le clip.

Après avoir placé les clips sur la ligne de temps, vérifiez au minimum leur ordre avant de continuer. Une fois les modifications éventuelles effectuées, le film doit ressembler au résultat final. La phase de finalisation du film peut commencer.

Ajouter des effets spéciaux

Les effets spéciaux sont très limités avec Windows Movie Maker. Cela présente un avantage : on n'est pas tenté d'en mettre trop et d'alourdir la présentation du film ! En fait d'effets spéciaux, il faudrait plutôt parler d'effets de transition entre les clips.

Lors du premier visionnage du film, l'enchaînement entre deux clips est brutal. Vous allez atténuer ces transitions par un effet de fondu (seul effet disponible sous Windows Movie Maker) :

1 Passez la ligne de temps en mode Chronologique. Pour cela, cliquez sur l'icône située en haut à gauche de la ligne de temps.

2 Choisissez les deux clips à enchaîner et cliquez sur celui de droite pour le sélectionner. Il devient bleuté.

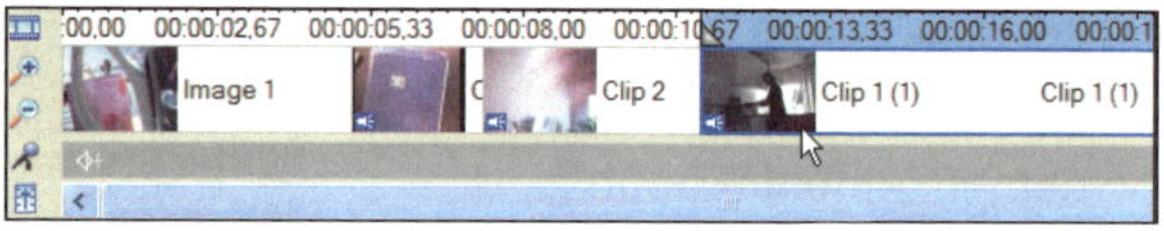

3 Faites glisser le clip sélectionné vers la gauche de manière qu'il recouvre légèrement le clip précédent. Le chevauchement représente la partie durant laquelle les deux clips seront superposés, le premier s'atténuant et le suivant apparaissant dans le même temps. Plus le chevauchement est étendu, plus la transition est longue et douce.

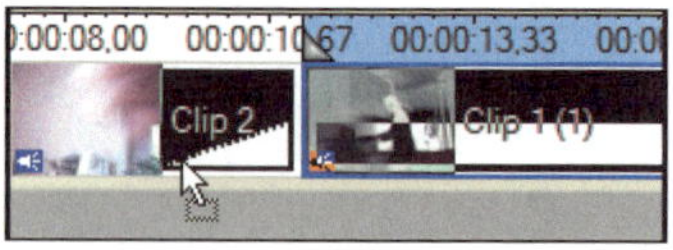

Le mode de visualisation Chronologique permet de naviguer aisément dans le film. En effet, en cliquant sur un endroit de la ligne de temps (dans sa partie supérieure), vous vous placez à la position correspondante dans le film. L'image associée est alors affichée dans le lecteur.

Zoomer en mode Chronologique

Il est intéressant de zoomer dans la ligne temps afin d'être plus précis ou, au contraire, d'avoir une vue plus globale du montage. Les icônes de loupe + et - sont disponibles sur la gauche de la ligne de temps. Cliquez sur l'une ou l'autre pour augmenter ou diminuer le facteur de zoom.

Ajouter des séquences non filmées

Les images fixes et les messages textuels peuvent être facilement insérés dans un montage. Ils permettent d'agrémenter, de titrer ou de rythmer un film.

Ajouter une image

Ajouter une image fixe est une opération très simple si vous avez bien assimilé la méthode d'insertion de clips dans la ligne de temps.

Procédez de la même manière, en glissant une image de la collection à l'endroit désiré sur la ligne de temps. En déplaçant le clip suivant sur la ligne de temps, il est possible de jouer sur la durée d'affichage de l'image. Vous pouvez également lui appliquer un effet de fondu : la méthode à mettre en œuvre est la même qu'il s'agisse d'un clip ou d'une image.

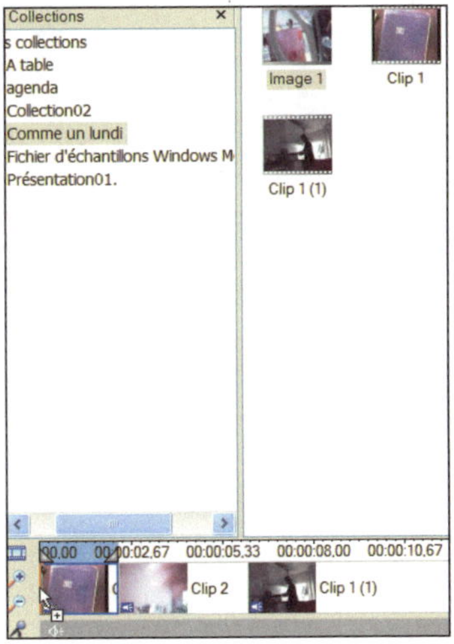

La méthode en question est décrite à la section *Ajouter des effets spéciaux* dans ce chapitre.

Ajouter un texte

Le but de cette opération est en général d'intégrer un titre en guise de générique. Windows Movie Maker ne permet pas d'insérer le texte directement. Vous devez créer une image contenant le texte en question avec un logiciel de création graphique tel que Paint. Si elle a un format convenable (généralement *.jpg*), elle sera intégrée sans problème au montage.

Le plus souvent, le logiciel de gestion de la Webcam permet d'ajouter du texte à une vidéo ou aux extrémités d'un clip. Voici comment procéder :

1 Lancez l'application de gestion de votre Webcam. Créez un film très court en filmant un support noir par exemple. Ouvrez-le dans l'éditeur de film.

2 L'icône *Texte* est située à gauche de l'image. En cliquant dessus, vous accédez à l'éditeur de texte.

Précisez au préalable si vous voulez insérer le texte au début ou à la fin du clip, et combien de temps il doit rester affiché. Choisissez de l'insérer au début et de l'afficher quelques secondes.

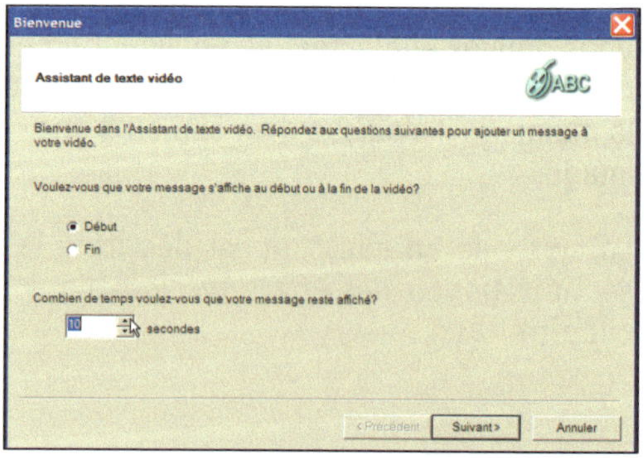

3 Saisissez le texte, choisissez la taille, la couleur et la police des caractères ainsi que la couleur de fond. Comme vous avez filmé un court clip noir, optez pour un fond noir ; vous disposerez ainsi d'un clip affichant uniquement le titre. Validez. ■

Revenez à Windows Movie Maker et intégrez le nouveau clip dans la collection et dans la ligne de temps. Vous pouvez même lui appliquer un effet de transition ou insérez d'autres clips de texte pour créer un véritable générique. Et pourquoi pas insérer un « The End » à la fin du film pour donner une touche hollywoodienne à votre œuvre ?

Ajouter du son

Une fois toutes les séquences d'images correctement enchaînées, il est temps d'ajouter du son au film. Vous pouvez insérer un fichier son tel qu'une bande sonore diffusant une musique de fond, ou bien un commentaire.

Une bande *sonore*

L'insertion de sons dans un film se fait de la même manière que l'insertion de clips ou d'images fixes.

1 Dans un premier temps, importez un fichier son dans la collection qui vous sert à faire le film. Pour cela, faites-le glisser à partir de l'Explorateur Windows.

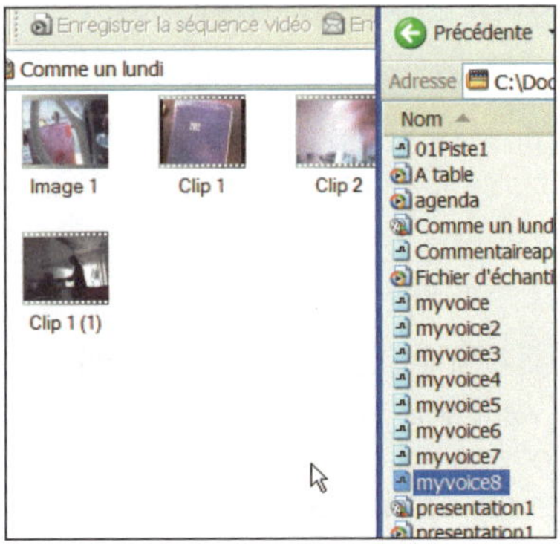

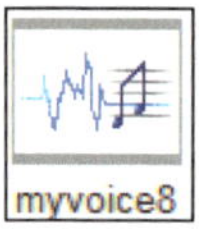

2 L'icône du fichier sonore est reconnaissable. Double-cliquez dessus pour écouter le contenu du fichier en question.

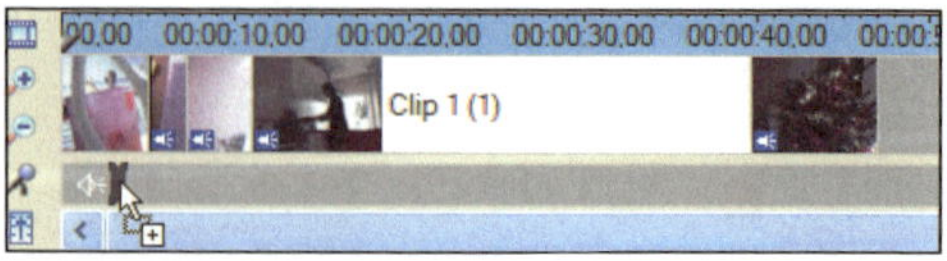

3 Pour insérer le fichier audio, passez en mode Chronologique dans la ligne de temps. Faites ensuite glisser l'icône jusqu'à la ligne réservée à l'audio, à l'endroit où vous souhaitez faire démarrer la bande sonore. ■

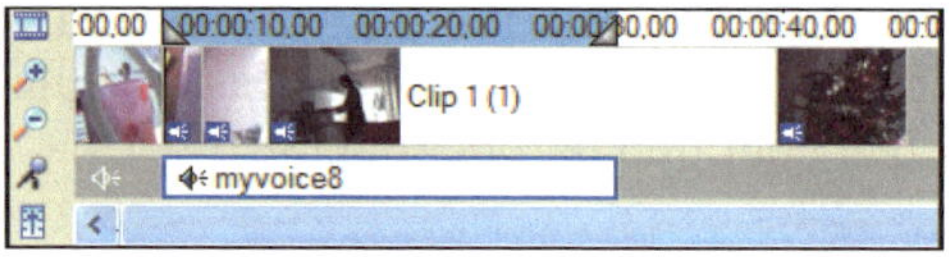

Le fichier son et le film ont éventuellement des longueurs différentes. Pour le vérifier et ajuster le point de démarrage du film, reportez-vous à la ligne bleue réservée à l'audio dans la ligne de temps.

Si le fichier son est plus long que le film, la diffusion sonore continuera après la fin de la diffusion des images. Il existe une astuce pour réduire la longueur d'une bande sonore à la durée voulue.

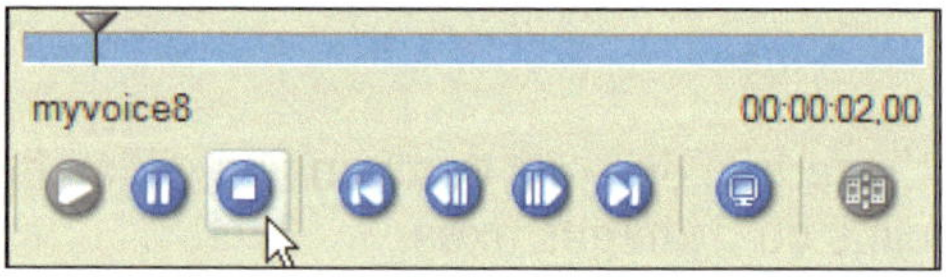

1 Double-cliquez sur l'icône du fichier son dans la collection. La lecture commence dans le lecteur situé à droite. Cliquez sur le bouton **Stop** pour arrêter la diffusion.

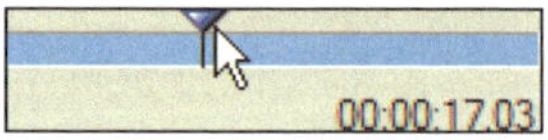

2 Dans la barre de recherche du lecteur, placez le curseur à l'endroit où vous désirez que le fichier s'arrête.

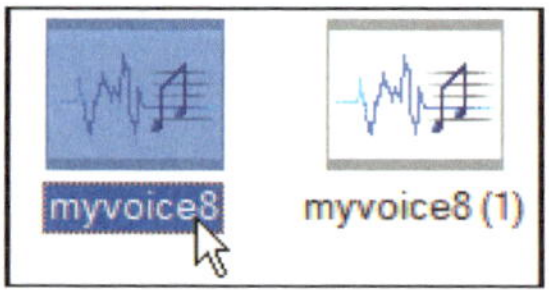

3 Sélectionnez **Clip/Fractionner**. La collection s'enrichit alors d'un fichier son. Le fichier initial a été coupé en deux. Il ne vous reste plus qu'à insérer la première partie, qui a désormais la durée voulue. ■

Un commentaire

Il est possible d'enregistrer le film au fur et à mesure qu'il s'exécute dans le lecteur. Pour cela, vous allez utiliser votre microphone habituel ou celui de votre Webcam.

1 Dans le menu **Fichier**, sélectionnez **Enregistrer la narration**. La boîte de dialogue de réglage du microphone s'ouvre.

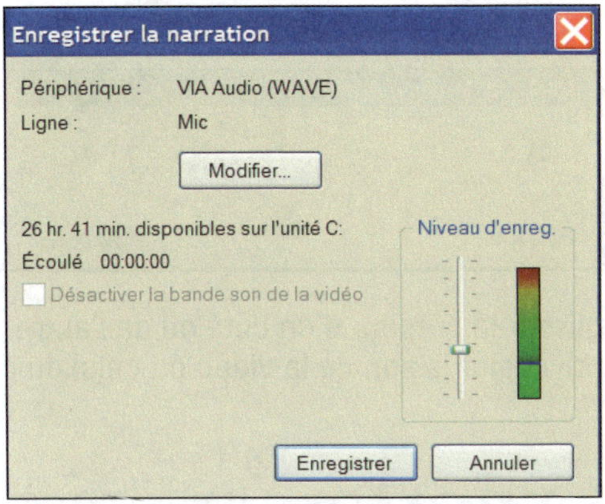

2 Cliquez sur le bouton **Modifier** pour afficher une nouvelle boîte de dialogue présentant les entrées audio de votre système. Dans les listes déroulantes, sélectionnez le microphone qui va vous servir à enregistrer le commentaire.

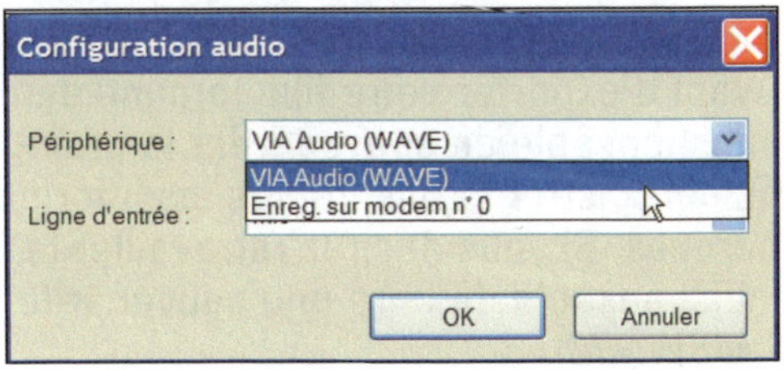

3 Vérifiez la sensibilité du microphone en parlant devant. À l'aide de la jauge sise à droite dans la boîte de dialogue, assurez-vous que le niveau d'enregistrement est correct. Il ne faut pas que le niveau maximal sature et arrive « en butée » en haut de la jauge. Évitez également que le niveau moyen soit trop faible et ne « décolle » pas. Pour régler cette sensibilité du microphone, faites glisser le curseur vers le haut ou vers le bas.

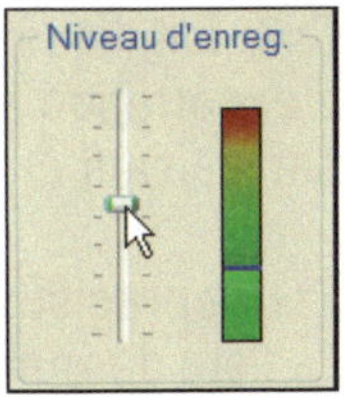

4 Une fois le niveau trouvé, lancez l'enregistrement en cliquant sur le bouton **Enregistrement**. Le film est diffusé et vous enregistrez en simultané le commentaire. Pour arrêter le commentaire à la fin du film (ou à tout autre moment), cliquez sur le bouton **Arrêter**.

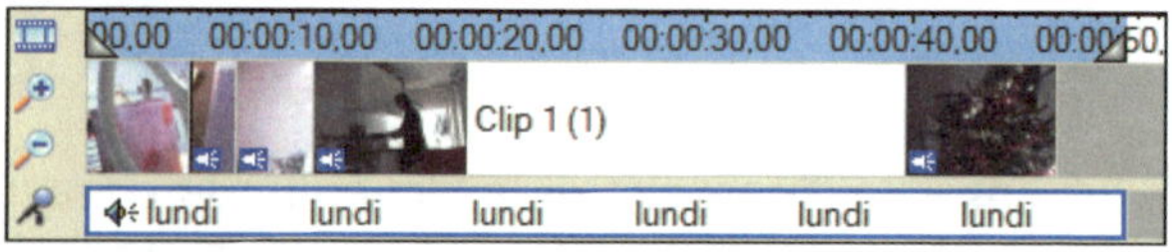

5 Il vous est demandé d'enregistrer sur le disque votre commentaire. Donnez-lui un nom explicite et validez. Il prend place dans la collection et est inséré automatiquement dans le film. ■

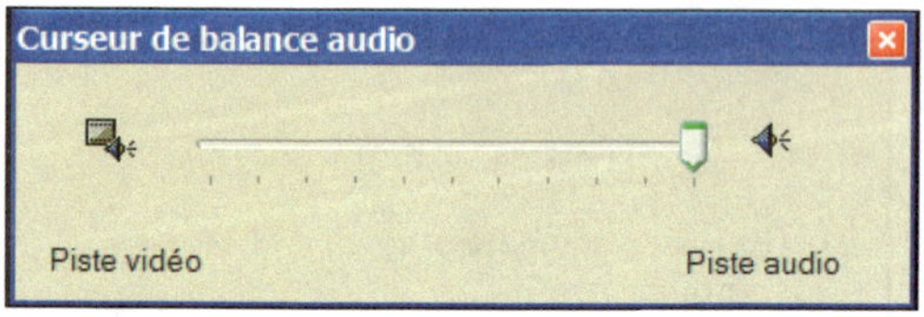

Pour masquer plus ou moins le son enregistré lors de la prise de vue, choisissez **Edition/Définir le curseur de balance audio**. Dans la boîte de dialogue qui s'ouvre, faites glisser le curseur d'un côté ou de l'autre, selon que vous souhaitiez privilégier le son de la vidéo ou celui du commentaire audio.

Exporter un film monté

Avant d'exporter votre film terminé dans un format compressé, il est indispensable de sauvegarder le projet. En effet, si vous ne faites qu'enregistrer le film, toutes les informations relatives au montage seront perdues. Si vous désirez retravailler le film par la suite, il est indispensable de faire une sauvegarde au format Windows Movie Maker (*.MSWMM*).

Cela fait, vous pouvez vous concentrer sur les meilleurs paramètres d'exportation pour le film. Comme d'habitude, il faut trouver un compromis satisfaisant entre qualité et poids de fichier !

Pour enregistrer le film, sélectionnez **Fichier/Enregistrer la séquence vidéo**. La liste déroulante *Paramètre* de la boîte de dialogue qui s'ouvre permet de régler grossièrement la qualité de la vidéo :

- Qualité peu élevée : 176×144 pixels, 15 trames par seconde.
- Qualité moyenne : 320×240 pixels, 15 trames par seconde (taille de l'image plus grande).

- Qualité élevée : 320×240 pixels, 30 trames par seconde (meilleure fluidité de la vidéo).

Le rapport de poids de fichier entre une qualité peu élevée et élevée est d'environ 10 !

Les temps théoriques de téléchargement sont indiqués à titre indicatif. Les temps réels sont souvent légèrement plus longs.

Le fichier généré est au format Windows Media Video (*.wmv*).

Chapitre 4

Manipuler des films

Vos films sont montés, prêts à être vus par les spectateurs ? Nous allons vous expliquer comment partager vos œuvres. Il est possible de les envoyer par courrier électronique aux personnes que vous connaissez. Il peut être préférable de les proposer sur un site, en téléchargement ou en visionnage direct.

Envoyer un vidéomail

Le vidéomail est un courrier électronique qui, au lieu d'être un message écrit, est un message filmé.

Préparer *un film*

Le problème lors de l'envoi d'un vidéomail est la taille du film à envoyer. En effet, si le destinataire du message dispose d'une connexion permanente haut débit, il ne sera aucunement gêné par le téléchargement d'une vidéo de quelques mégaoctets ; en revanche, s'il est connecté en bas débit, c'est une autre affaire ! La réception du message risque de prendre plusieurs minutes et de grignoter rapidement un petit forfait Internet.

Avant d'envoyer une vidéo à une adresse électronique, vérifiez que son propriétaire ne sera pas pénalisé par la taille de votre pièce jointe.

Vérifiez également que la messagerie de vos destinataires (et la vôtre !) accepte la réception et le transfert des messages avec des pièces jointes de plusieurs mégaoctets. Sinon vous recevrez un message d'erreur et le courrier électronique n'arrivera pas à bon port.

Si vous rencontrez des problèmes de taille de fichier et que vous ne vouliez pas retravailler votre film pour le rendre moins volumineux, rien n'est perdu ! Placez votre vidéo sur un espace web et envoyez un courriel invitant vos correspondants à se rendre sur la page qui propose de visionner le film, soit en téléchargement (voir page 6), soit en visionnage direct (voir page 11). Le courriel d'invitation contient un petit texte et ne pèse que quelques kilo-octets.

Envoyer *un film*

Si vous avez choisi d'envoyer votre film par e-mail, assurez-vous auparavant que la taille du fichier n'est pas un obstacle au transfert. Le dernier paramètre à vérifier est le format du fichier. Normalement, les formats proposés par les logiciels de création de film sont les plus courants. Vos destinataires ne devraient pas rencontrer de problèmes pour visionner un fichier *.avi*, *.mpeg* ou *.wmv*.

1 Pour joindre un fichier à un e-mail dans votre logiciel de messagerie, il suffit de cliquer sur le bouton **Joindre**.

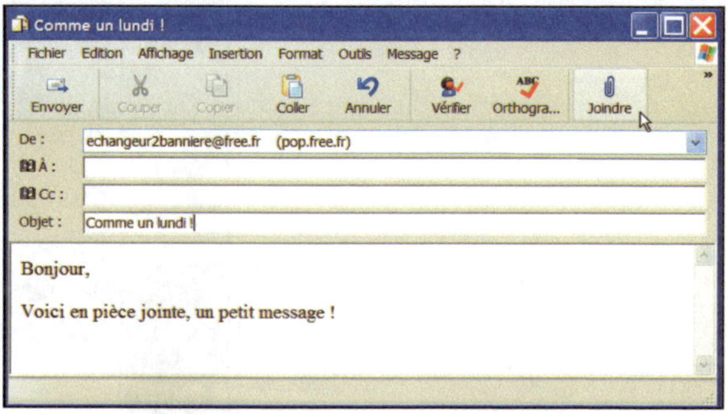

2 Choisissez ensuite le fichier dans la boîte de dialogue qui s'ouvre et validez.

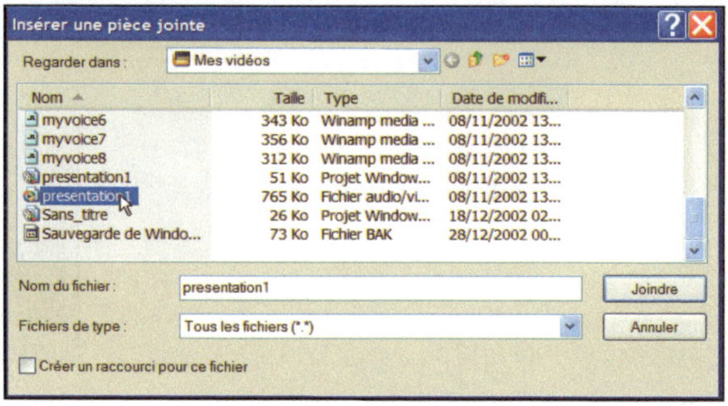

3 Vérifiez que le fichier partira bien avec le message (il doit être signalé sur la ligne *Joindre*). À côté de son nom figure sa taille.

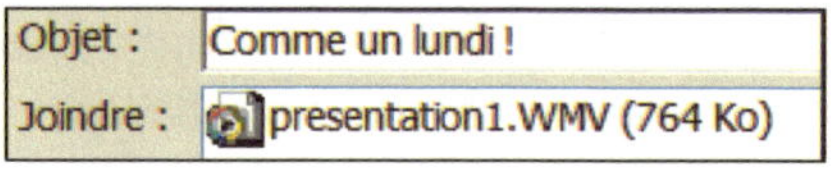

4 Ajoutez un petit texte pour le destinataire l'invitant à ouvrir le fichier et complétez les champs obligatoires *Destinataire* et *Objet*. Cliquez enfin sur le bouton **Envoyer**. ■

Pour réduire la taille d'un fichier vidéo, il est possible d'utiliser un logiciel de compression de données (voir page 73).

Le logiciel de gestion de votre Webcam peut également vous faciliter le travail. En effet, à partir de votre collection, vous avez la possibilité d'envoyer un e-mail avec le film en pièce jointe.

1 Cliquez du bouton droit sur la vignette du film de votre collection que vous désirez envoyer.

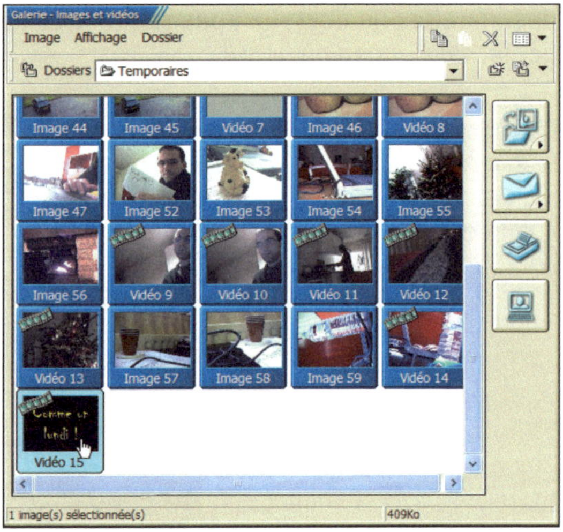

2 Dans le menu déroulant qui s'affiche, sélectionnez **Courrier électronique**.

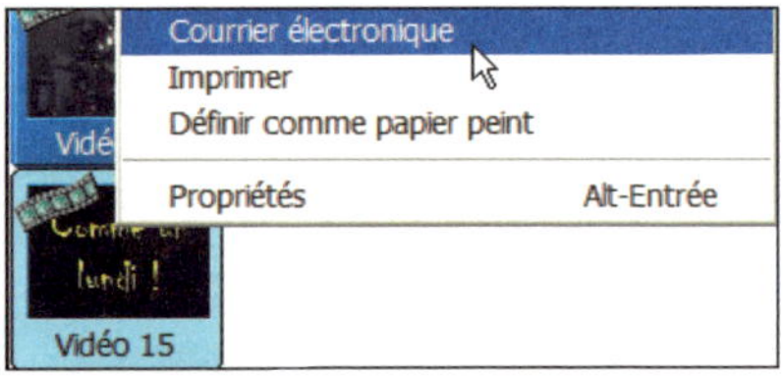

3 Une fenêtre vous indique que le fichier film est converti au format *.wmv*. Ce dernier ne devrait pas poser de problème de lecture aux destinataires du message.

4 Une fois la conversion terminée, l'éditeur de message de votre logiciel de messagerie habituel s'ouvre sur un petit message préformaté que vous pouvez modifier à loisir, avec en pièce jointe, le fichier *.wmv*. Saisissez les informations nécessaires dans les champs *Destinataire* et *Objet*. ■

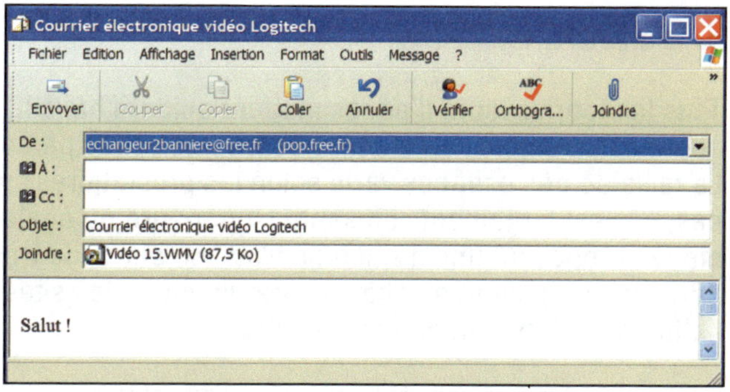

Mettre un film sur un site Internet

Il est possible de proposer des films en téléchargement sur un site web. Cette solution est très pratique pour partager les souvenirs de vacances ou montrer les premiers pas du petit dernier à ses proches. L'avantage est évident : vous invitez par e-mail les destinataires à visionner le film à l'adresse de votre site, sans encombrer leurs boîtes aux lettres électroniques avec un fichier film trop lourd !

Vous avez le choix entre deux techniques pour placer un film sur Internet :

- Déposer le fichier film en téléchargement. Cette méthode est simple à mettre en œuvre et très pratique si vous stockez un grand nombre de films sur votre site. L'inconvénient est que vos visiteurs doivent télécharger la totalité du fichier avant de le lire dans leur logiciel de visionnage.
- Proposer à vos visiteurs de se rendre sur une page web où ils disposeront d'un lecteur multimédia et pourront télécharger le fichier au fur et à mesure de sa lecture. La rapidité est l'avantage incontestable de cette technique. Les visiteurs connectés via une liaison bas débit apprécieront une telle attention !

L'idéal est de laisser le choix aux visiteurs entre les deux méthodes. En ce sens, proposez-leur un lien direct vers le fichier film. Certains pourront ainsi le télécharger (et donc le sauvegarder sur leur ordinateur) après l'avoir visionné.

Si cela n'est déjà fait, vous devez trouver un hébergeur pour votre site…

L'espace web

Tous les fournisseurs d'accès mettent aujourd'hui à la disposition de leurs abonnés un espace web pour héberger les sites personnels de leurs clients. La taille de ces espaces varie selon les prestataires ; dans la plupart des cas, elle est largement suffisante (supérieure ou égale à 50 Mo) pour un site moyen proposant une dizaine de films. En outre, de très nombreuses adresses proposent d'héberger gratuitement des sites... en échange de l'affichage d'un bandeau publicitaire.

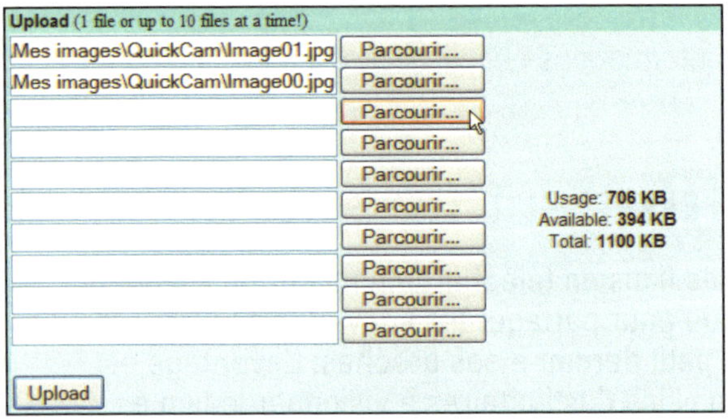

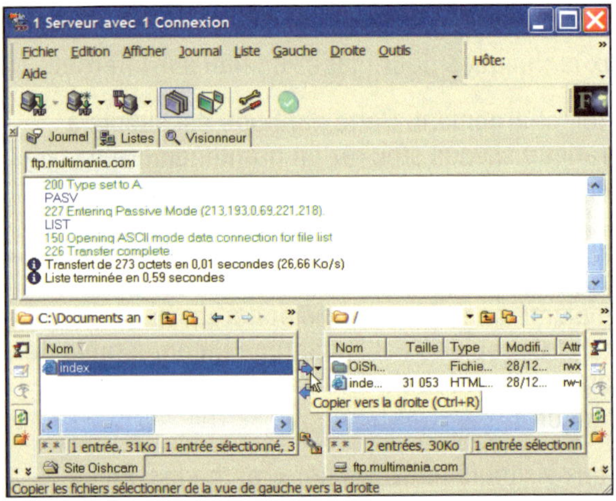

Les méthodes pour placer des fichiers sur le Web (on dit également « uploader ») sont très simples : soit votre hébergeur propose une page à partir de laquelle vous pouvez effectuer l'opération, soit vous utilisez un logiciel dédié du type FTP Expert ou CuteFTP. Pour uploader vos fichiers film, procédez comme vous avez l'habitude de le faire avec les autres fichiers.

Proposer un film *en téléchargement*

La technique du téléchargement des fichiers est certainement la plus simple. Il s'agit de créer un lien hypertexte pointant vers le fichier film préalablement placé sur l'espace web qui vous est réservé. Votre film peut être de n'importe quel format. Assurez-vous que tous les visiteurs peuvent le lire avec leur logiciel de visionnage habituel.

L'inconvénient de cette méthode est qu'il est nécessaire de télécharger tout le fichier avant de pouvoir voir la moindre image du film. Cela peut être gênant pour les internautes qui ne disposent pas d'une connexion rapide. Voici deux astuces qui faciliteront la vie de ces derniers.

Décrire le film

Faites des copies d'écran de votre film pour que le visiteur puisse avoir un aperçu rapide du contenu. Si votre logiciel de traitement d'image ne dispose pas d'options de capture, voici la marche à suivre :

1 Lancez votre logiciel de gestion de Webcam. L'opération ne peut pas s'effectuer dans votre lecteur habituel. Choisissez l'activité **Créer des vidéos** et double-cliquez sur la vignette correspondant à votre film dans votre collection. L'éditeur de vidéo s'ouvre.

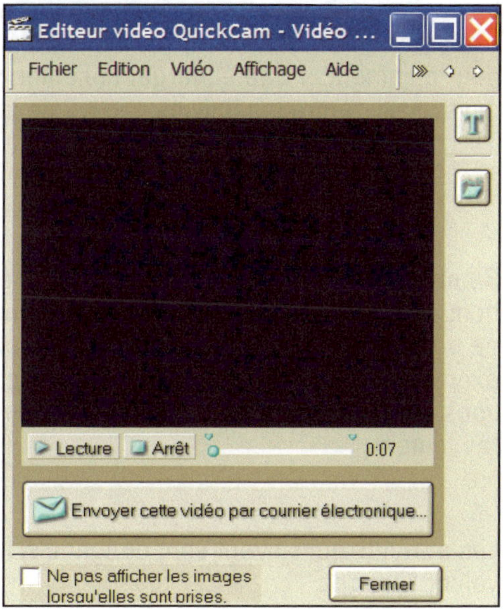

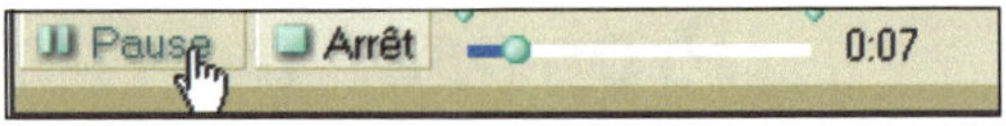

2 Mettez-le en pause sur une image bien représentative du contenu du film. En ce sens, cliquez sur le bouton de pause situé en dessous du moniteur.

3 Appuyez sur les touches [Ctrl]+[C] ou choisissez **Edition/Copier cette image**. L'image est alors placée sur le disque dur dans le Presse-papiers. Pour la récupérer, lancez un éditeur d'image du type Adobe Photoshop ou Jasc PaintShopPro.

4 Dans votre logiciel de traitement d'image, créez un nouveau document et appuyez sur les touches [Ctrl]+[V] pour coller le contenu du Presse-papiers. Recadrez l'image de manière à ne sélectionner que la partie présentant le film. Réduisez, au besoin, sa taille et sauvegardez-la au format *.jpeg*, qui est le plus adapté pour ce genre de documents destinés au Web. L'image descriptive est prête. ■

Vous allez utiliser cette petite image descriptive de votre film comme un « bouton » interactif. Ainsi, vos visiteurs n'auront qu'à cliquer sur l'image pour commencer à télécharger le fichier. Voici le code HTML que vous devez saisir entre les balises `<body>` de la page web :

```
<a href="vid1.avi"><img src="imagevid1.jpg" alt="Ma vidéo"
✂ height="70" width="100" border="0"></a>
```

Remplacez `vid1.avi` par le nom de votre fichier film. `imagevid1.jpg` est le nom de l'image associée à la vidéo. Remplacez-le par un nom explicite. À ce propos, adoptez une dénomination commune pour tous vos films (par exemple, *imagevid01.jpg*, *imagevid02.jpg*...). De cette manière, lorsque vous gérerez une petite collection de films, vous vous y retrouverez facilement.

Les attributs qui suivent sont optionnels, mais permettent de mieux mettre en valeur l'image :

- Via l'attribut `alt`, vous pouvez donner un nom à votre image. Ce nom s'affichera à la place de l'image avant qu'elle ne soit chargée, ainsi que dans la barre de statut (en bas du navigateur) ou dans une petite fenêtre près du curseur lorsque celui-ci passera sur l'image en question.

- `height` et `width` définissent respectivement la hauteur et la largeur de l'image. Ne négligez pas ces attributs si vous connaissez les dimensions : ils permettent d'accélérer l'affichage.

- `Border=« 0 »` élimine le contour bleu disgracieux qui se met en place automatiquement autour des images auxquelles on attribue un lien.

Bien sûr, il est très apprécié de définir les autres paramètres du film pour indiquer à l'internaute quel fichier il s'apprête à télécharger. Généralement, les informations fournies sont la taille du fichier (elle donne une idée approximative du temps de téléchargement) et son format, ainsi que la durée du film.

Compresser le fichier film

Les fichiers informatiques peuvent être compressés. Cette opération consiste à réduire leur taille par l'application d'un algorithme donné. Les fichiers sont par la suite décompressés à l'aide de l'algorithme inverse.

L'avantage est évident : le temps de téléchargement nécessaire est d'autant plus réduit que le fichier est compressé. L'inconvénient est que le fichier récupéré par l'internaute n'est pas « lisible » immédiatement. Il doit subir une décompression.

Nous allons voir la procédure à suivre pour compresser/décompresser un fichier avec le plus célèbre des logiciels dédiés : Winzip.

1 Dans un premier temps, vous devez installer Winzip. En ce sens, rendez-vous sur le site de l'éditeur www.winzip.com/ddchomea.htm, puis téléchargez la version d'évaluation.

2 Ouvrez l'Explorateur Windows et placez-vous dans le répertoire contenant le film à compresser.

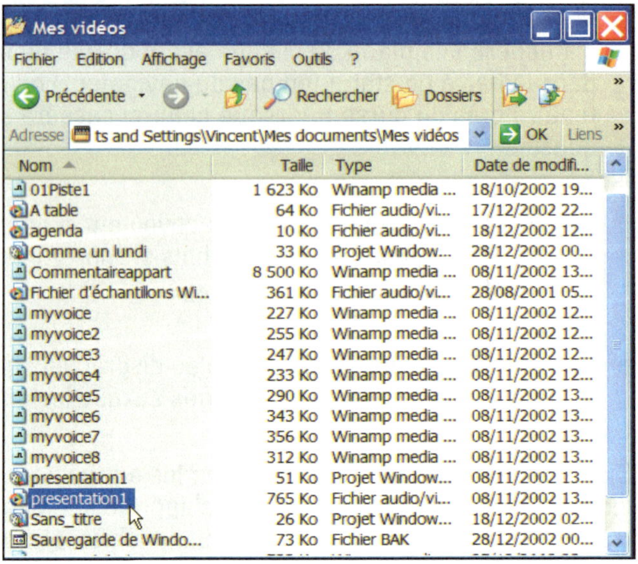

3 Lorsque vous avez repéré le fichier, placez le pointeur dessus et cliquez du bouton droit. Dans le menu déroulant, choisissez **Add to film.zip**. Le fichier compressé qui sera créé portera le même nom que le fichier original, mais aura comme extension *.zip*.

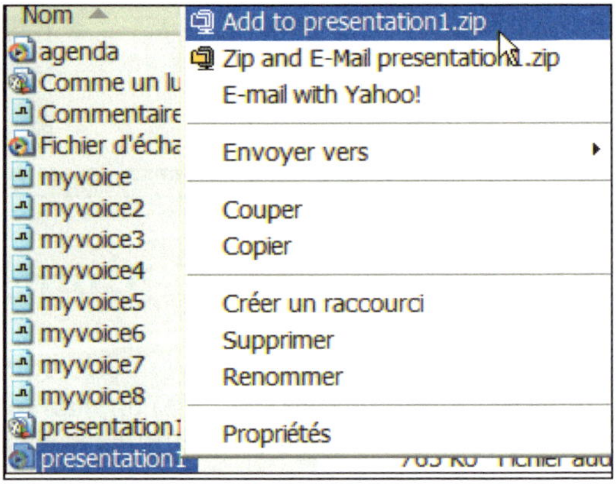

4 Le fichier « zippé » prend alors place dans le dossier contenant l'original. Vous pouvez constater la différence de poids entre les deux versions. ■

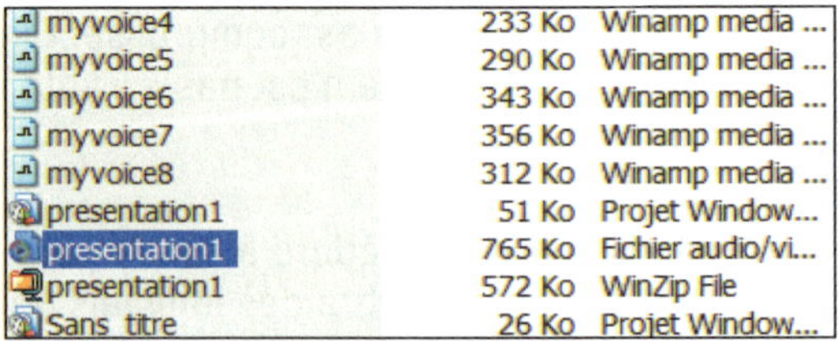

Pour décompresser un fichier « zippé », procédez comme suit :

1 Dans l'Explorateur Windows, cliquez du bouton droit sur le fichier *.zip*. Dans le menu déroulant, choisissez **Open with winzip**.

2 Winzip s'ouvre automatiquement en affichant le nom du fichier film.

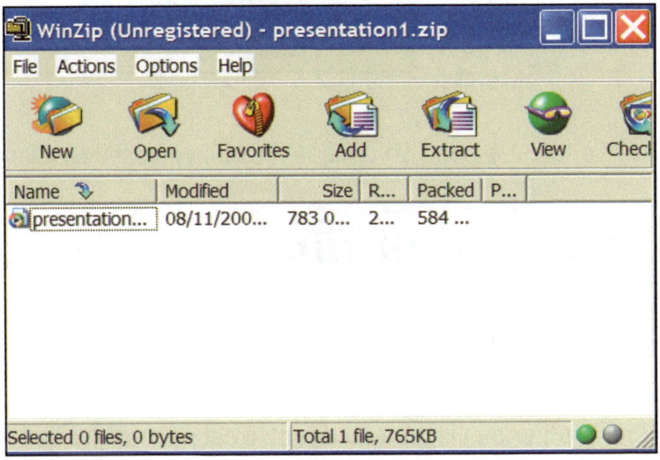

3 Pour ouvrir le fichier, double-cliquez sur son icône. Le logiciel de lecture par défaut s'ouvre alors automatiquement.

4 Vous pouvez également « dézipper » le fichier et l'enregistrer sur le disque dur. Pour cela, sélectionnez le fichier d'un simple clic et utilisez le bouton **Extract**.

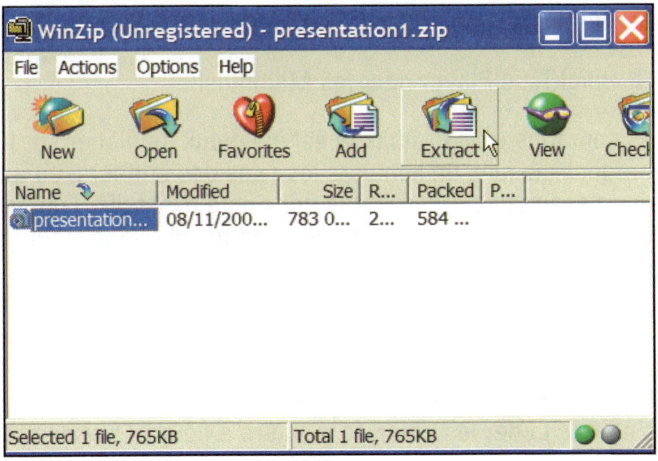

5 Dans la boîte de dialogue qui s'ouvre, sélectionnez le dossier dans lequel vous désirez sauvegarder le film et cliquez sur le bouton **Extract**.

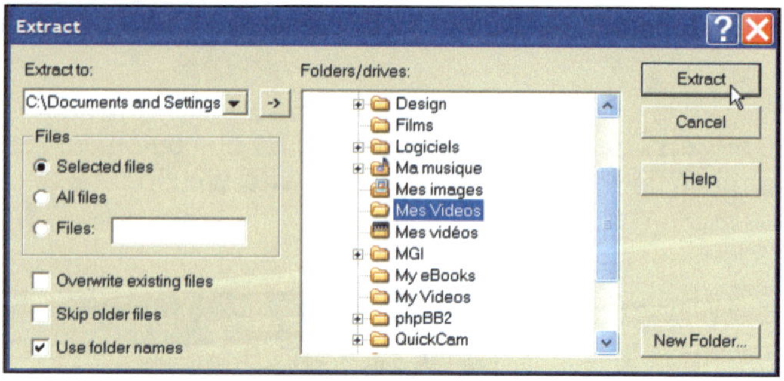

6 Le tour est joué ! Le fichier a été décompressé dans le dossier spécifié.

Proposer un film *en visionnage direct*

Le visionnage direct sur une page web est une manière pratique et conviviale de visionner des vidéos. Mais la mise en œuvre d'un tel système demande un peu plus de travail que la technique de téléchargement.

Pour profiter du visionnage direct, il est nécessaire que vos visiteurs aient installé un lecteur adapté sur leurs ordinateurs. Les trois lecteurs les plus répandus à l'heure actuelle sont :

- Real Player (livré avec Internet Explorer 5 et plus) ;
- Windows Media Player (livré avec Windows) ;
- QuickTime Player pour les Macintosh.

Ils sont tous trois gratuits. Il est judicieux de placer sur la page où vous proposez le film, un lien vers les sites des éditeurs, ou au moins un avertissement concernant la nécessité d'installer l'un de ces logiciels. Ainsi, en cas de besoin, les internautes pourront télécharger l'un ou l'autre d'un clic de souris.

Encoder le film

La première étape consiste à préparer le film pour ce type d'utilisation. Il s'agit de coder le fichier de manière à ce qu'il puisse être diffusé en continu.

Cette opération nécessite un logiciel d'encodage. Celui proposé par Microsoft, en l'occurrence Windows Media (www.microsoft.com/windows/windowsmedia/intl/download/default.asp?DispLang=fr), est gratuit et fonctionne bien. N'hésitez pas à l'installer immédiatement sur votre ordinateur !

Les formats de fichier que ce logiciel est capable d'encoder sont *.avi*, *.mpeg*, *.asf* et *.wma*. Avant de commencer l'encodage, vérifiez que votre film se déroule normalement en le diffusant dans le lecteur Windows Media Player. Si tout va bien, lancez l'encodage.

1 Lors de l'ouverture du codeur, choisissez l'activité *Diffuser, capturer ou convertir un fichier à l'aide de l'Assistant Nouvelle session*. Cliquez sur le bouton OK pour accéder à la boîte de dialogue suivante.

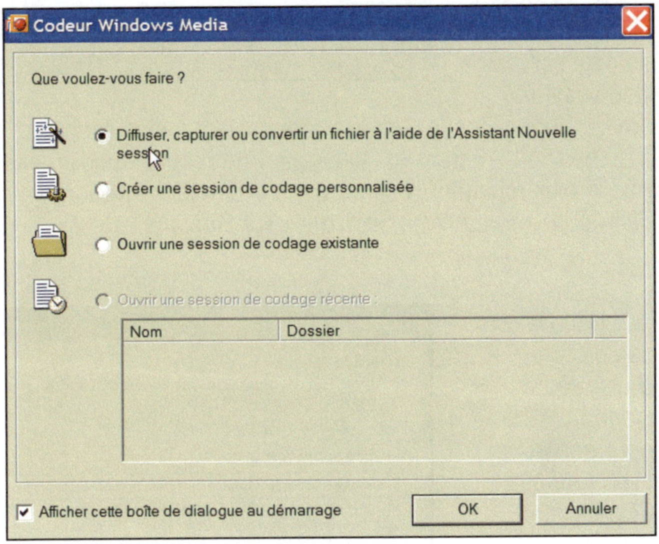

2 Dans la deuxième boîte de dialogue, précisez la nature de la session. Cochez l'option *Convertir un fichier audio ou vidéo en fichier Windows Media* et validez en cliquant sur le bouton **Suivant**.

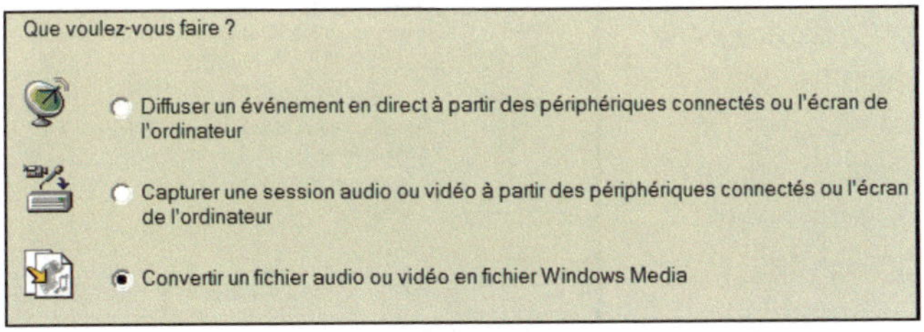

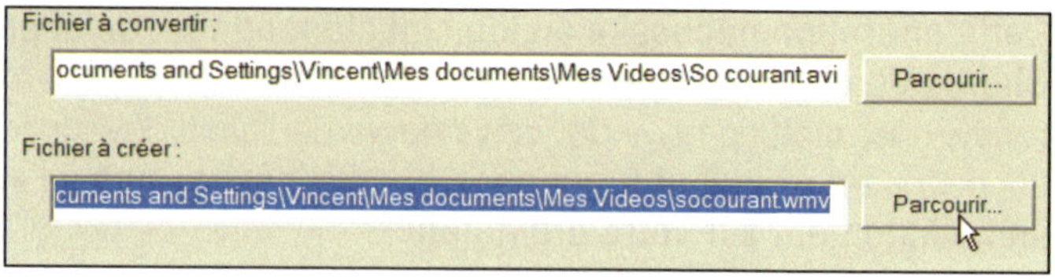

3 En cliquant sur les boutons **Parcourir**, sélectionnez le fichier à coder dans la première ligne et donnez-lui un nom. Spécifiez un nouvel emplacement si nécessaire. Choisissez le fichier vidéo de la meilleure qualité possible car l'encodage diminue parfois fortement la qualité vidéo. Cliquez sur **Suivant** pour poursuivre l'opération.

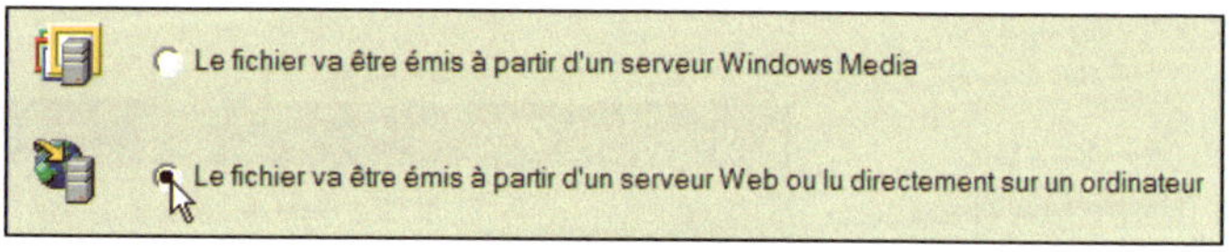

4 La quatrième étape consiste à préciser à partir de quel serveur la vidéo va être émise. Supposons le cas de figure suivant : vous souhaitez placer le film sur un site web déjà existant et l'hébergeur ne propose pas de serveur Windows Media (cas le plus répandu) ; cochez donc la deuxième option, *Le fichier va être émis à partir d'un serveur Web*, et cliquez sur **Suivant**.

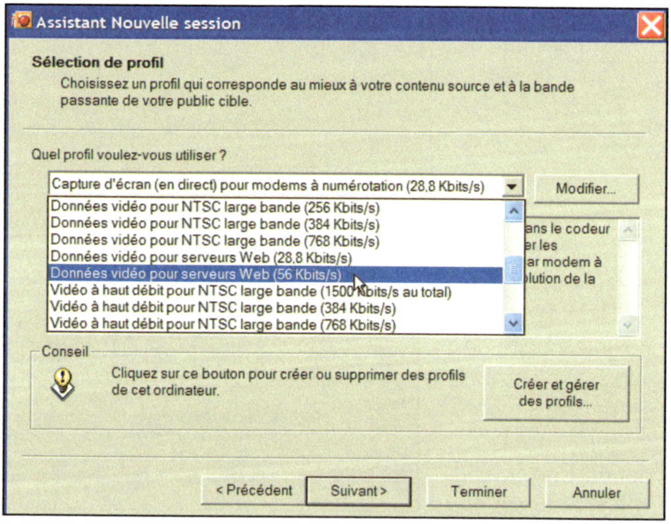

5 Dans la liste des profils, choisissez *Données vidéo pour serveurs Web (56Kbits/s)*. Cela permet d'avoir une qualité de codage suffisante pour la majorité des internautes. Si vous choisissez une meilleure qualité, les internautes connectés en bas débit risquent de visionner la vidéo par à-coups.

6 Dans la boîte de dialogue suivante, il vous est demandé d'entrer quelques informations facultatives sur le film. Ces dernières seront présentées dans le lecteur lors du visionnage.

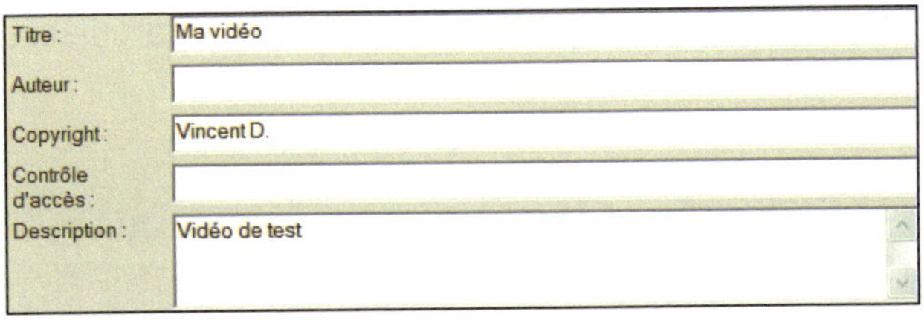

7 La dernière fenêtre est un récapitulatif des informations que vous avez saisies pour l'encodage du film. Vérifiez une dernière fois qu'elles sont correctes. Le cas échéant, cliquez sur le bouton **Terminer** ; sinon, cliquez sur **Précédent** pour revenir sur vos pas.

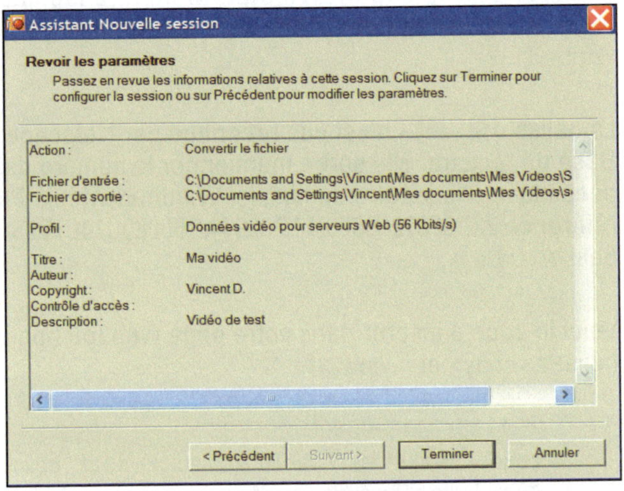

8 L'encodage est lancé automatiquement et peut prendre quelques minutes si le fichier est de grande taille. À la fin de l'opération, un bilan est affiché. Sur la droite de cette boîte de dialogue, vous pouvez cliquer sur **Afficher le fichier de sortie** pour observer le résultat dans le lecteur Windows Media. Si vous désirez encoder un autre fichier, cliquez sur le bouton **Nouvelle session**. Sinon, fermez la fenêtre puis le codeur.

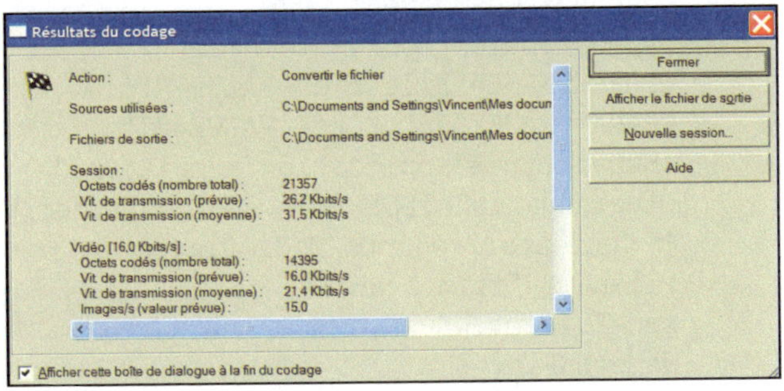

La phase d'encodage du fichier s'est bien déroulée. Il ne reste plus qu'à s'occuper de la page web.

Placer le film sur la page web

Les choses seraient plus simples s'il n'existait qu'une seule norme pour les deux principaux navigateurs Internet, à savoir Internet Explorer et Netscape Navigator. Malheureusement, il faut utiliser deux types de balises pour satisfaire les deux navigateurs : `<object>` et `<embed>`.

La balise `<object>` n'est pas reconnue par Netscape. Elle fait appel à la Base de registre. Elle sert à mentionner le numéro de l'application qui sera nécessaire à la lecture du film, ici Windows Media Player, qui a pour référence 22D6F312-B0F6-11D0694AB60080C74C7E95. Netscape utilise la balise `<embed>`.

Voici le code à insérer dans votre page web (où bon vous semble entre les balises `<body>` et `</body>`) :

```
<OBJECT ID="filmvacances" classid="CLSID:22D6F312-B0F6-
✂ 11D0-94AB-0080C74C7E95"
codebase="http://activex.microsoft.com/activex/controls/
✂ mplayer/en/nsmp2inf.cab#Version=5,1,52,701"
standby="Chargement..."
type="application/x-oleobject">
<PARAM NAME="FileName" VALUE="filmv.wmv">
<PARAM NAME="AutoSize" VALUE="1">
<Embed type="application/x-mplayer2"
pluginspage="http://www.microsoft.com/Windows/Downloads/
✂ Contents/Products/MediaPlayer/"
filename="filmvacances"
src=" filmv.wmv "
Name=NSPlay
ShowControls=0
ShowDisplay=0
ShowStatusBar=0>
</embed>
</OBJECT>
```

- `filmvacances` est le nom donné au film. Il peut être descriptif. Il n'a que peu d'importance. Choisissez le nom qui convient le mieux au contenu du film.

- La valeur de `classid` ne doit pas être modifiée : elle fait référence à l'application qui doit lire le film. C'est l'équivalent du `type` de la balise `<embed>`.

- `<PARAM NAME="AutoSize" VALUE="1« >` est un paramètre très pratique qui redimensionne automatiquement la vidéo.

- `scr` fait référence au fichier qui doit être lu (dans l'exemple, c'est le fichier `filmv.wmv`).

Grâce à ce petit bout de code, le lecteur est affiché directement dans la page !

N'oubliez pas de transférer votre fichier film sur votre serveur web !

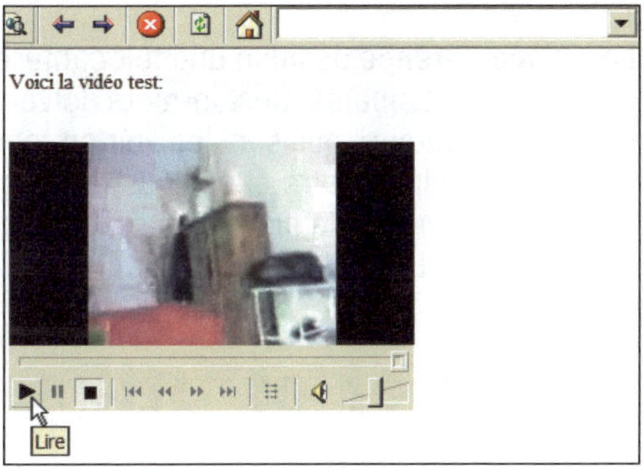

Chapitre 5

La visioconférence

La téléconférence permet, via Internet, de communiquer avec des interlocuteurs situés à n'importe quel endroit du monde. Ces communications peuvent prendre la forme d'échanges écrits, audio ou visuels. Il est également possible d'échanger des fichiers de toutes sortes. Les liaisons s'établissant via le Web, elles ne coûtent que le prix d'une communication locale ou, si vous disposez d'un forfait ou d'un abonnement illimité ou haut débit, elles sont incluses dedans.

La visioconférence désigne une téléconférence qui se fait avec un visionnage direct des participants. Ces derniers doivent posséder une Webcam pour que leurs interlocuteurs puissent les voir en temps réel. La caméra peut bien évidemment filmer autre chose que le visage du conférencier. Par exemple, en vacances, la vue de la plage depuis le bungalow que vous avez loué… histoire de taquiner les collègues au bureau ou les amis !

Installer et utiliser les logiciels adéquats

Pour pratiquer la téléconférence, il vous faut au moins un logiciel dédié. Vous avez le choix entre plusieurs applications. Elles sont gratuites et nécessitent une inscription sur le site de l'éditeur. Si vous ne savez laquelle choisir, demandez à vos amis celles qu'ils utilisent ! En effet, les logiciels ne sont pas compatibles. Cela dit, rien ne vous empêche d'en installer plusieurs. Vous profiterez ainsi des fonctionnalités de chacune et vous serez opérationnel lorsqu'on vous proposera une visioconférence. Ces applications sont très légères et ne diminuent en rien les capacités ou la rapidité de votre ordinateur.

Voici quelques logiciels populaires utilisés à travers le monde. Ils sont globalement de même qualité. En les installant tous les trois, vous êtes paré pour communiquer avec les quatre coins du globe :

- NetMeeting : il est livré avec Windows. Si toutefois vous ne l'avez pas à votre disposition, il est possible de le télécharger à l'adresse www.microsoft.com/france/internet/entreprises/solutions/netmeeting/default.asp.

- Yahoo! Messenger : il est disponible à l'adresse http://fr.messenger.yahoo.com. Pour l'utiliser, il vous sera demandé quelques informations (facultatives) personnelles : âge, sexe, hobbies, adresse de votre page personnelle, photo, etc. Ces renseignements ne sont pas destinés à vous ficher, mais à apparaître sur une page consultable par les autres utilisateurs de Yahoo! Messenger. Cette page est utile lorsqu'on utilise les salons de discussion de Yahoo!. Elle permet d'en savoir un peu plus sur les participants et de déceler des points communs.

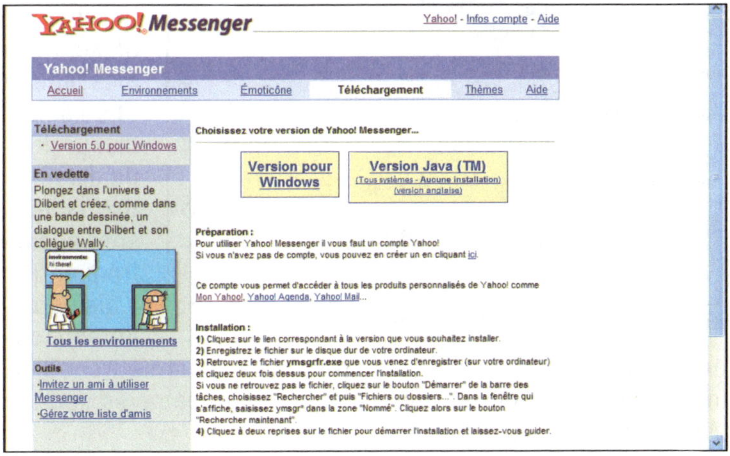

- MSN Messenger : c'est un logiciel pratique, qui vous sera d'une grande utilité si vous possédez déjà un compte chez MSN ou une boîte aux lettres électronique chez www.hotmail.com. Après l'installation du logiciel, il vous est demandé votre adresse et votre mot de passe de messagerie hotmail.

N'hésitez pas à vous inscrire ; les services proposés sont de très bonne qualité. Vous pourrez accéder à votre boîte aux lettres depuis n'importe quel ordinateur en vous connectant via le site www.hotmail.com. De plus, l'inscription est gratuite ! Pour télécharger MSN Messenger, rendez-vous à l'adresse messenger.msn.fr.

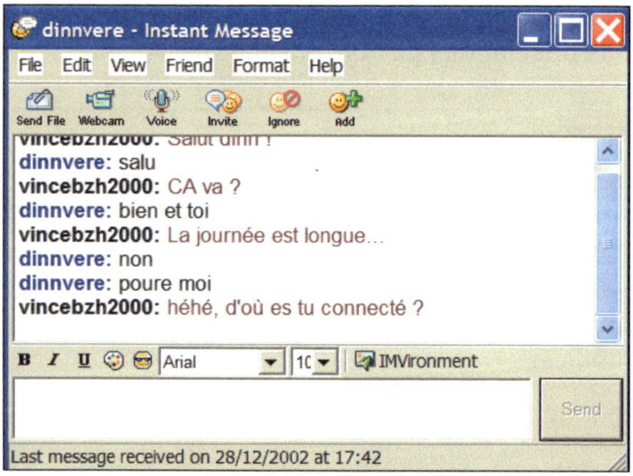

Les logiciels de visioconférence ne sont pas dédiés à cette seule utilisation. MSN associe un service de messagerie électronique et de salon de discussion. Les salons de discussion thématiques de Yahoo! sont également très fréquentés. Vous pourrez y dialoguer avec des personnes de différentes origines. Les modules de « chat privé » vous permettront d'inviter, à tout instant, un utilisateur à venir dialoguer en direct avec vous, avec ou sans Webcam, selon votre humeur…

Nous allons nous intéresser plus particulièrement à l'utilisation de Windows MSN Messenger. Ce n'est pas le plus utilisé des trois, mais si vous maîtrisez toutes ses fonctionnalités, vous ne serez pas dérouté par les autres logiciels de téléconférence. En effet, ces fonctionnalités sont très complètes et représentatives de ce qu'offrent les autres applications.

Première prise en main de Windows MSN Messenger

Si vous n'avez pas encore téléchargé MSN Messenger, rendez-vous à l'adresse indiquée page 2.

Avant de lancer l'application, assurez-vous que vous êtes bien connecté à Internet. Pour démarrer, à partir du Bureau de Windows, choisissez **Démarrer/Programmes/Windows Messenger** ou cliquez sur l'icône de raccourci sise en bas à droite de l'écran, près de l'horloge Windows.

Si vous possédez déjà un compte de messagerie sur le site www.hotmail.com, l'inscription à MSN Messenger est simple et pratique. En effet, vous pourrez gérer tous vos contacts et avoir des informations en temps réel, durant vos connexions, sur les courriers électroniques qui vous sont envoyés, ainsi que sur la présence, ou non, de vos amis en ligne.

Au démarrage de MSN Messenger, vous accédez à une boîte de dialogue qui récapitule vos données et vous donne des informations sur l'état de votre compte. Vous pouvez ainsi vérifier combien de nouveaux messages sont dans votre boîte aux lettres, combien de vos amis sont en ligne, et réaliser nombre d'actions que nous allons détailler.

1 Pour ajouter un contact à votre liste d'amis, cliquez sur le lien correspondant dans la partie inférieure de la boîte de dialogue.

2 Vous avez le choix entre insérer un contact dont vous connaissez les coordonnées et rechercher un contact dans l'annuaire. Choisissez, pour commencer, la première option.

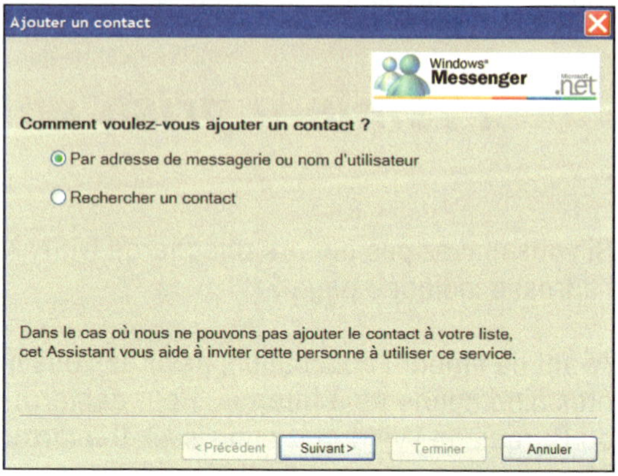

3 Entrez l'adresse de messagerie dans le champ ad hoc. Dans la fenêtre de confirmation, indiquez si vous souhaitez être disponible en permanence, ou non, pour cet interlocuteur. Si vous choisissez de l'être, vous apparaîtrez comme étant « En ligne » dans le module de ce contact lorsque vous serez en ligne. ■

Si vous ne connaissez pas l'adresse électronique de votre contact, vous pouvez effectuer une recherche dans l'annuaire des utilisateurs de hotmail. Pour cela, choisissez dans le module de MSN Messenger **Ajouter un contact**, puis sélectionnez **Rechercher un contact** dans la boîte de dialogue

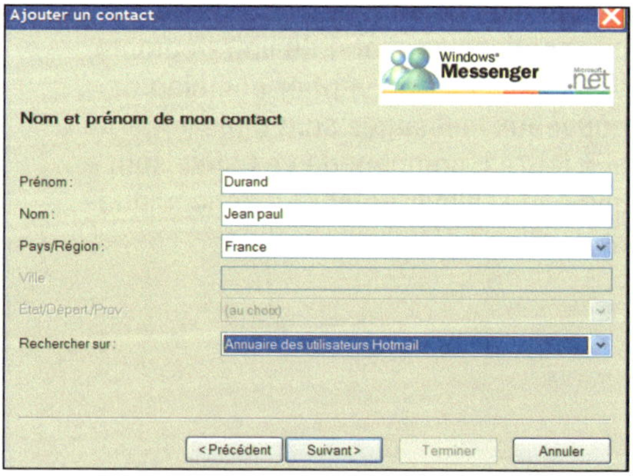

qui s'ouvre. Dans la fenêtre qui s'affiche, saisissez les coordonnées de votre ami, ce qui vous permettra de retrouver son adresse de courrier électronique.

Une fois tous vos contacts ajoutés, vous pouvez les inviter à dialoguer en direct avec vous dans un espace privé ou dans un salon de discussion public. Ils ne sont pas obligés d'avoir une Webcam pour pouvoir accéder à ces services !

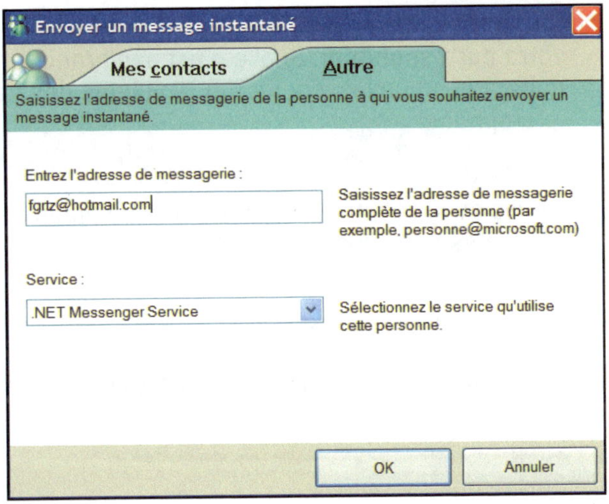

Pour cela, placez le pointeur sur l'un de vos contacts dans la liste et cliquez du bouton droit. Choisissez **Envoyer un message instantané**. Vous pouvez également envoyer un message à une personne ne figurant pas dans votre liste : cliquez sur **Envoyer un message instantané** dans l'interface principale de MSN Messenger et, sous l'onglet **Autre** de la boîte de dialogue qui s'ouvre, saisissez son adresse de messagerie pour accéder à l'interface de dialogue privé.

Utilisation de *Windows MSN Messenger*

La fenêtre de MSN Messenger est composée de quatre zones principales (en plus du menu situé en haut de la fenêtre) :

- La partie réservée au dialogue écrit est la plus importante. Cette zone est commune aux correspondants. Tout ce qui y est écrit est visible par l'ensemble des participants.

- En dessous se trouve l'éditeur de message. C'est à cet endroit que vous devez saisir vos messages. Pour les afficher dans la zone commune, appuyez sur la touche [Entrée] ou cliquez sur le bouton **Envoyer** situé à droite.

- Sur la droite, la partie haute est réservée à l'image de la Webcam de votre correspondant. Si elle n'est pas branchée, cette partie reste noire. Vous pouvez y contrôler le volume des haut-parleurs et du microphone.

- Le bas de la colonne de droite permet d'effectuer quelques opérations courantes que nous allons détailler.

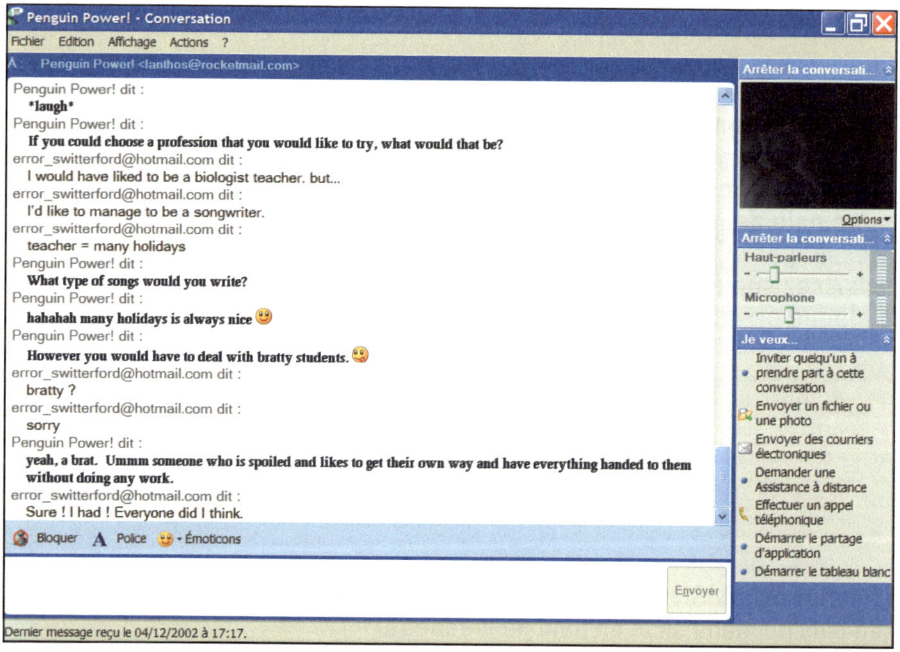

Participer à une discussion

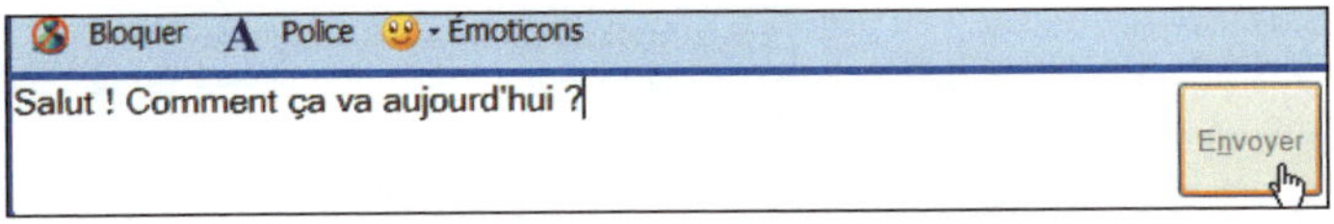

1 Pour participer à une discussion, saisissez votre message dans la partie d'édition située en bas de la fenêtre. Une fois le message terminé, appuyez sur Entrée ou cliquez sur le bouton **Envoyer** situé sur la droite.

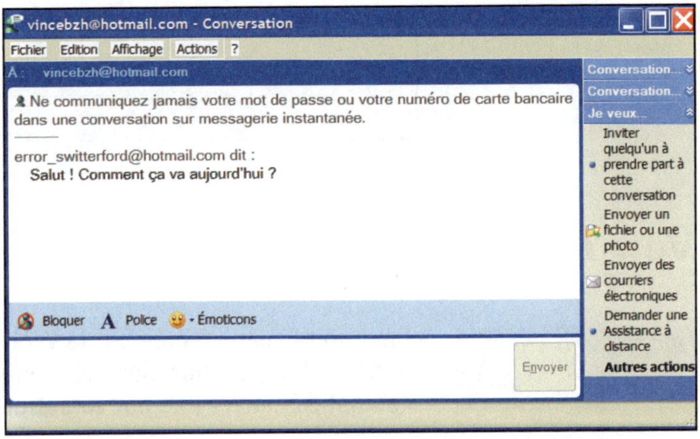

2 Votre message s'affiche dans la partie commune et est visible par tous les participants à la discussion. ■

Il est possible de faire participer plus de deux personnes à la conférence. Pour cela, il faut inviter des correspondants.

Inviter un correspondant à une conférence

1 Pour inviter une personne à prendre part à la conversation en cours, rendez-vous dans la partie inférieure droite de la fenêtre de MSN Messenger. Cliquez sur le lien *Inviter quelqu'un à prendre part à cette conversation*.

2 Dans la fenêtre qui s'ouvre, vous avez le choix entre contacter l'un de vos amis et appeler quelqu'un d'autre en cliquant sur l'onglet **Autre**. Dans le second cas de figure, saisissez l'adresse électronique de la personne pour lui envoyer une invitation à la conférence. ■

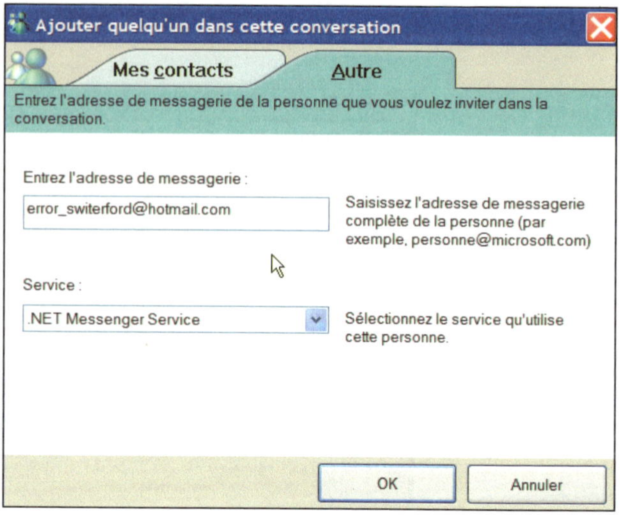

Voir la Webcam de son correspondant

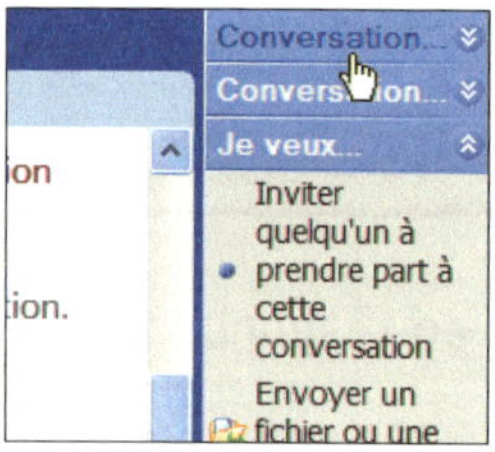

Pour voir l'image filmée par la Webcam d'un interlocuteur, cliquez, dans le menu de droite, sur l'onglet **Démarrer une conversation vidéo**.

La demande est envoyée au correspondant qui peut refuser de vous montrer l'image de sa caméra. S'il accepte, vous pourrez le voir en direct dans l'espace réservé à cet effet.

De la même manière, si votre Webcam dispose d'un microphone, vous pouvez démarrer une conversation vocale en cliquant sur le deuxième onglet : **Démarrer une conversation vocale**. Vous accédez à deux curseurs de réglage du son. L'un est dédié au volume du microphone, l'autre à celui de vos haut-parleurs.

Les autres options

MSN Messenger peut être extrêmement utile pour tous les expatriés. En effet, au-delà du chat et de la visioconférence, il permet de contacter des amis par téléphone, partout dans le monde, au prix d'un appel local ! Il faut pour cela s'inscrire à l'un des services proposant cette option. MSN Messenger vous guidera pas à pas lorsque vous cliquerez sur **Autres actions/Effectuer un appel téléphonique**.

Dans le menu **Autres actions**, situé dans la partie inférieure droite de la fenêtre de MSN Messenger, vous pouvez également choisir de partager une application avec un correspondant, ainsi qu'un tableau blanc pour y tracer des schémas ou des dessins.

Profiter des salons de discussion sur Internet

Avec MSN Messenger, comme avec Yahoo! Messenger, il est possible d'accéder à des salons de discussion. Ces salons sont des endroits auxquels tous les inscrits ont accès librement. Chacun peut intervenir dans la discussion commune quand il le souhaite. Vous êtes libre de convier l'un des participants à une discussion privée ou de l'inviter à visionner l'image filmée par votre Webcam.

Il est possible de choisir le thème du salon dans lequel vous souhaitez discuter. Vous pouvez naviguer d'un salon à l'autre en quelques clics.

Nous allons prendre l'exemple de Yahoo! Messenger, dont les salons sont très fréquentés. Pour vous y rendre, vous devez au préalable vous enregistrer (gratuitement) auprès de http://fr.messenger.yahoo.com et télécharger Yahoo! Messenger.

Choisir son salon sur Yahoo! Messenger

Les salons de Yahoo! sont très nombreux et abordent des thèmes très divers : biologie, politique, sport ou rencontres. L'affluence de ces salons dépend principalement de l'heure. Dans la journée, vous pouvez facilement échanger vos impressions sur le dernier film sorti en salle, alors que les salons dédiés aux rencontres sont déserts à ce moment-là. La nuit, la tendance est plutôt inversée... Gardez en tête que les personnes qui interviennent dans les salons sont réparties dans le monde entier. Pensez au décalage horaire !

Pour accéder à la liste des salons disponibles, lancez Yahoo! Messenger.

1 Par défaut, un raccourci vers Yahoo! Messenger est placé dans le menu **Démarrer** de Windows. Cliquez dessus pour lancer l'application.

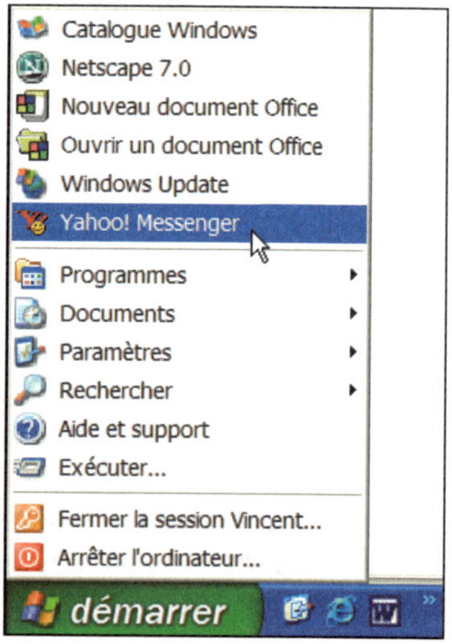

2 Dans la fenêtre de Yahoo! Messenger, la liste de vos contacts est présentée. Dans le menu situé dans la partie supérieure, cliquez sur l'icône *Chat*. Vous accédez alors à la liste des salons de discussion de Yahoo!.

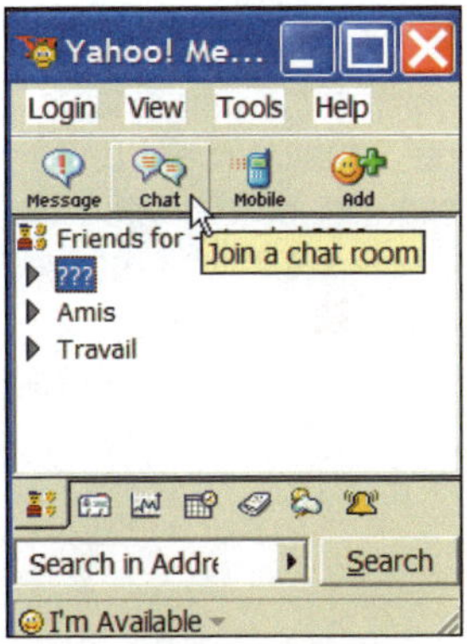

3 Les salons sont classés par thème. Pour accéder à la liste des salons d'un thème, cliquez sur le sujet qui vous intéresse dans la partie principale, au centre de la fenêtre. La partie droite répertorie alors les salons disponibles actuellement.

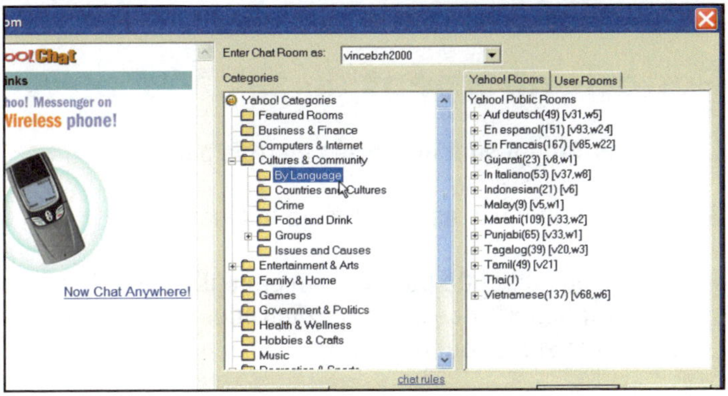

4 Il est fort possible que vous ayez encore le choix entre plusieurs salons en fonction de ce que vous cherchez. Le cas échéant, pour en avoir le détail, cliquez sur le petit signe **+** placé à côté du titre du salon. La liste détaillée apparaît alors.

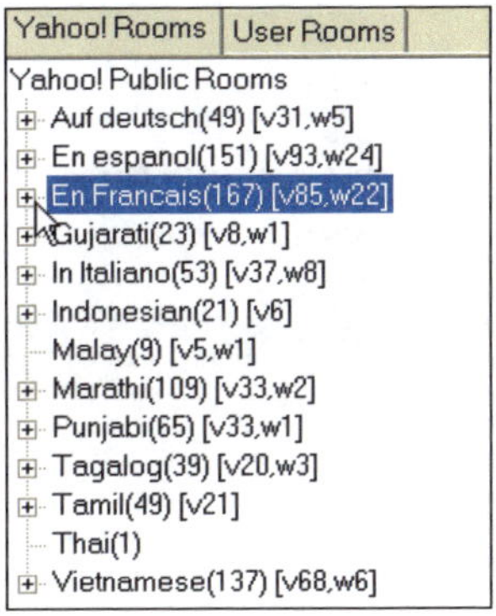

5 À la suite du nom du salon est indiqué le nombre de participants. Sélectionnez le salon qui vous convient en cliquant sur son intitulé et cliquez sur le bouton **Go to Room** situé en bas de la liste. La fenêtre réservée au salon s'ouvre alors. ■

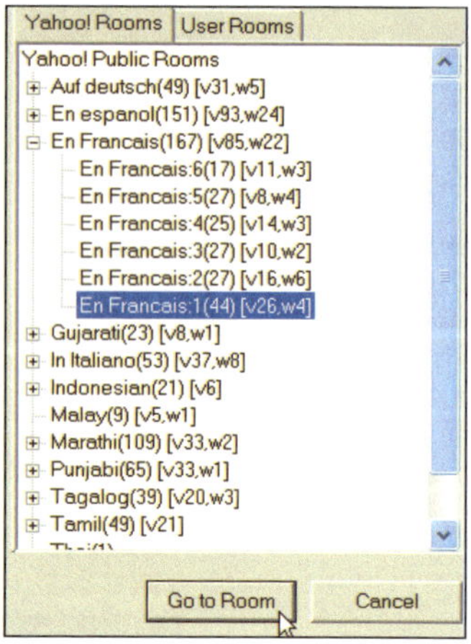

Fonctionnement du salon Yahoo!

Les salons Yahoo! sont organisés en trois parties :

- La zone principale est réservée à la discussion.
- En dessous de cette partie, un espace d'édition de texte vous permet de préparer le texte que vous allez introduire dans le salon. Il suffira ensuite d'appuyer sur la touche Entrée.

- La colonne de droite donne un aperçu global de toutes les personnes connectées au salon. Seuls les pseudos sont listés.

L'affluence des messages dans certains salons peut être surprenante. Parfois, au contraire, le nombre de personnes présentes dans un salon est très élevé et aucune discussion ne semble avoir cours. Cela signifie que les internautes discutent via le module de conversation privée.

Le vocabulaire des salons est particulier, truffé d'abréviations. Cela peut paraître rebutant au début, mais on s'y fait assez rapidement. Au besoin, demandez à quelqu'un de vous expliquer.

Voici quelques astuces pour vous éviter d'être perdu et vous aider à vous servir de votre Webcam dans un salon :

- Lorsqu'un nouveau venu entre dans un salon, un message le signale dans la zone commune. Il en est de même lorsque quelqu'un quitte le salon.

- Devant chaque message posté dans le salon commun, le pseudo de son auteur est indiqué. Pour en savoir plus sur une personne, placez-vous sur son pseudo dans la liste de la colonne de droite. Quelques informations (si elles sont disponibles) sur l'utilisateur s'affichent. Autre solution : cliquez du bouton droit sur le pseudo de votre choix et, dans lemenu déroulant, sélectionnez **View Profile** : vous accédez à la page complète de renseignements de l'abonné.

- Vous pouvez choisir de n'utiliser que votre micro pour parler dans le salon. Dans ce cas, cliquez sur le bouton **Talk** situé au-dessus de l'éditeur de message et parlez distinctement. Tous les participants au salon vous entendent (à moins qu'ils n'aient coché la case *Mute*, qui empêche d'entendre ce qui se dit vocalement dans le salon).

- Un clic droit sur les pseudos inscrits devant les contributions du salon permet d'accéder à un menu contextuel. À partir de ce menu, vous pouvez inviter la personne à voir l'image de votre Webcam ou lui demander de voir la sienne. Pour cela, sélectionnez **Invite to view my Webcam** ou bien **View Webcam**.

- Pour inviter un participant à discuter en privé avec vous, placez-vous sur son pseudo dans la liste de la colonne de droite. Cliquez du bouton droit et sélectionnez **Send private message** dans le menu déroulant. Ensuite, dans la fenêtre qui s'ouvre, saisissez un message d'invitation et appuyez sur la touche [Entrée]. Le destinataire voit alors s'ouvrir une fenêtre identique à la vôtre. Il peut choisir de vous répondre ou de vous ignorer, s'il est déjà en discussion avec quelqu'un d'autre par exemple.

Chapitre 6

Les autres manières de filmer

Nous avons vu au chapitre *Filmer et photographier* comment utiliser une webcam pour produire des petits films et des clichés. Dans ce chapitre, nous allons voir qu'il existe d'autres manières de produire de la vidéo et de faire des clichés. Il est possible notamment de créer de véritables films d'animation mettant en scène des objets, de la pâte à modeler ou des jouets. Certains artistes sont même devenus des spécialistes de ce type d'œuvre, et il existe plusieurs manifestations et concours primant les meilleures réalisations.

Dans un autre registre, les webcams peuvent également servir de caméras de surveillance. En détectant un mouvement, elles peuvent automatiquement se mettre à fonctionner et prendre un cliché. Cette activité est idéale pour vous permettre de confondre le collègue qui vous emprunte régulièrement votre stylo, pour surveiller votre animal de compagnie et pourquoi pas votre habitation...

L'animation

Il existe deux méthodes pour produire des films d'animation.

- La première méthode consiste à lancer la caméra et à prendre manuellement des clichés successifs qui, une fois juxtaposés, constitueront l'animation finale.

- La deuxième est moins contraignante car complètement automatisée. Il s'agit tout simplement de laisser tourner la caméra, le temps entre deux prises d'images étant défini au préalable. Ce temps peut être de plusieurs minutes. Cela permet de créer des films avec un effet « accéléré », c'est-à-dire que vous pourrez condenser dans un film de quelques secondes le processus intégral de floraison d'une plante, les mouvements des marées ou encore le déplacement des nuages.

Bien évidemment, ces séquences filmées en accéléré peuvent ensuite être introduites sans problème dans une vidéo filmée classiquement à vitesse normale.

Animer image par image

Avec les animations image par image, vous allez pouvoir donner vie à des objets inanimés. Vous jouerez donc le rôle de marionnettiste en les déplaçant sur la scène que vous aurez choisie. Vous devrez donc « décomposer » les mouvements que vous voulez donner aux objets. À chaque étape de ce mouvement, vous devrez prendre manuellement une image de la scène avec votre webcam. L'Assistant de réalisation d'animation du logiciel de gestion de la webcam vous guidera pas à pas. Il va falloir notamment déterminer, avant de débuter les prises de vues, la vitesse à laquelle les images s'enchaîneront. Cette vitesse est appelée le « débit d'image » : il est mesuré en nombre d'images par seconde.

Utiliser l'Assistant d'animation

La configuration d'une animation image par image est très simplifiée grâce au logiciel de gestion de la webcam. Dans cet ouvrage, nous utilisons QuickCam, livré avec la webcam. Nous allons voir ici comment utiliser l'Assistant d'animation qui va permettre, en posant quelques questions simples, de régler automatiquement les bons paramètres.

1 Au lancement du logiciel de gestion de la webcam, choisissez l'activité **Animations** en cliquant sur l'onglet approprié.

2 La présentation de la fenêtre est identique à celle qui est proposée pour l'activité de film. Sur la gauche de l'écran, vous retrouvez la fenêtre qui permet de visualiser ce que « voit » la webcam. Juste en dessous de l'image, cliquez sur le bouton **Configurer**.

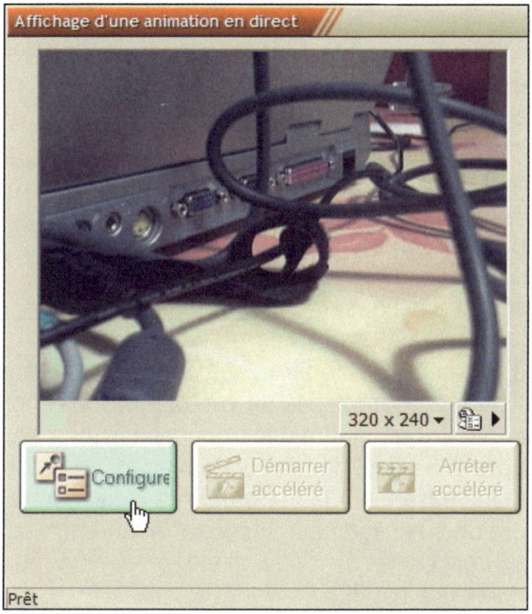

3 L'Assistant d'animation se présente sous la forme d'une boîte de dialogue qui s'ouvre immédiatement. Vous devez alors en quelques étapes cocher les cases d'options qui vous

intéressent. La première concerne le type d'animation que vous désirez réaliser. Cochez la case *Animation image par image* et cliquez sur **Suivant** en bas de la fenêtre.

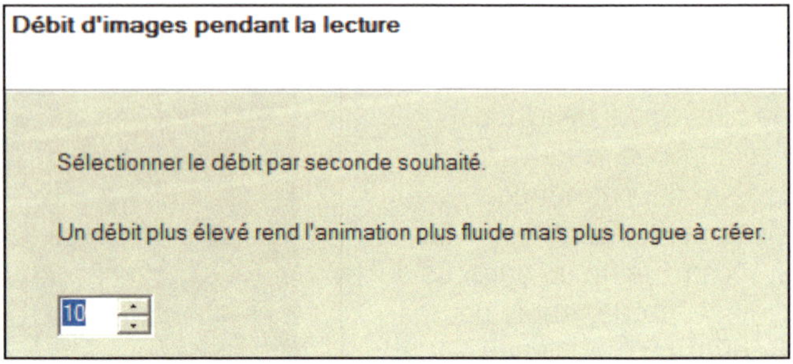

4 La deuxième étape permet de définir le débit des images. La valeur que vous allez entrer déterminera donc le nombre d'images qui seront affichées lors de la diffusion d'une seconde de film. Plus cette valeur est élevée, plus votre film est fluide. Ne perdez pas de vue que si vous choisissez une valeur élevée de débit, il vous faudra décomposer la scène en autant de prises de vues pour obtenir au final une seconde d'animation. L'opération peut donc se révéler fastidieuse. Lors d'une première utilisation, laissez la valeur par défaut qui est de 10 images par seconde. Augmentez-la par la suite. À partir de 15 images par seconde, la vidéo est déjà relativement fluide. La valeur maximale est 30.

5 En cliquant sur **Suivant**, vous accédez à la dernière fenêtre de l'Assistant. Vous pouvez revenir en arrière en cliquant sur le bouton **Précédent**. En cliquant sur **Annuler**, vous interrompez complètement l'opération de

paramétrage. Si les informations que vous avez entrées vous conviennent, validez en cliquant sur **Terminer**. Dans ce cas, l'Assistant se ferme et les valeurs entrées seront prises en compte lors de la réalisation de l'animation. ■

Réaliser l'animation

Pour commencer à créer l'animation, vous devez impérativement être passé par l'étape de configuration de cette dernière. Si ce n'est pas déjà fait, reportez-vous à la section précédente.

Si la configuration a bien été validée, un deuxième bouton (jusqu'à présent grisé et inutilisable) est disponible sous la fenêtre de visualisation située sur la gauche de l'écran. Il vous permet de capturer une image du film d'animation que vous allez commencer à créer.

1 Disposez bien tous les éléments de la scène à filmer dans leur position initiale. Vérifiez que le cadrage, la mise au point et les paramètres de la webcam sont correctement réglés. Cliquez ensuite sur le bouton **Ajouter une image**.

2 Déplacez alors légèrement les objets sur la scène ou effectuez les modifications prévues par votre scénario sur la scène. Gardez toujours en mémoire la valeur de débit d'images que vous avez entrée. Si cette valeur est de 10, vous devez savoir qu'un mouvement qui doit durer une seconde

dans l'animation finale devra être décomposé en dix étapes intermédiaires. Si vous n'êtes pas satisfait du premier résultat, c'est tout à fait normal, seule une petite expérience vous permettra de bien appréhender les notions de débit.

Cliquez de nouveau sur le bouton **Ajouter une image**.

3 Déplacez encore les objets et recommencez l'opération autant de fois que nécessaire pour arriver à la fin du petit scénario que vous avez élaboré. Lorsque vous avez enregistré la dernière image, vous pouvez cliquer sur le troisième bouton (**Arrêter image par image**) situé sous la fenêtre de visualisation pour arrêter les prises.

4 L'animation est alors signalée dans la partie centrale de l'interface par une nouvelle vignette. Le lecteur de film est lancé automatiquement pour vous permettre de voir votre travail achevé. ■

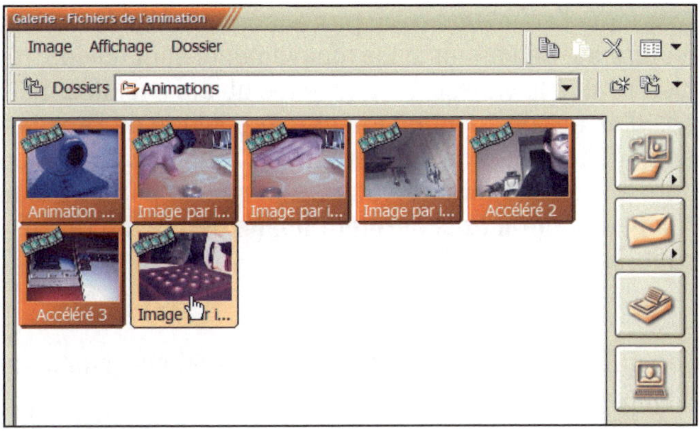

Lors de la création d'une animation image par image, il est possible d'avoir accès à un certain nombre d'informations importantes.

- Tout en bas de la fenêtre de visualisation est affiché le nombre d'images qui ont déjà été intégrées dans l'animation ainsi que la taille du fichier film si vous arrêtiez l'enregistrement de l'animation à cette image.

- Un bouton qui vous sera indispensable est celui qui vous permet d'avoir un aperçu de ce qui a déjà été enregistré : c'est le bouton **Lecture**, situé sous les autres boutons de la fenêtre de visualisation.

En cliquant sur ce bouton, la fenêtre change de présentation et un bouton symbolisé par une flèche bleue vous invite à faire défiler l'animation. La fenêtre de visualisation ne présente plus alors ce que filme la webcam, mais permet de lire l'animation partielle qui a déjà été créée. La barre de défilement située sur la droite du bouton de lecture vous permet de voir à quel stade se trouve l'animation.

Alors que l'animation n'est pas encore terminée, l'intérêt de cette fenêtre de lecture est de vérifier si les mouvements sont fluides, réalistes, si vous avez bien évalué la vitesse à laquelle les objets évoluaient… Il est possible en cas d'erreur de supprimer la dernière image de l'animation en cliquant sur le bouton **Supprimer la dernière image**. En cliquant plusieurs fois sur ce dernier, vous supprimez autant d'images (à partir de la fin du film). Le bouton **Annuler supprimer la dernière image** permet de revenir sur cette suppression.

Lorsque le résultat vous convient, vous pouvez continuer l'animation en cliquant sur le bouton **Fermer**.

N'hésitez pas à vérifier très souvent l'état d'avancement de votre animation en utilisant cette fenêtre de lecture intermédiaire. Son mode de fonctionnement (annuler les dernières images) ne permet pas de manipuler l'animation de manière très complexe, et il serait dommage de devoir supprimer les dernières images réussies juste pour modifier la première scène…

Animer *en accéléré*

L'animation en accéléré reprend le même principe que l'animation image par image. Il ne s'agit pourtant plus ici de filmer une scène que vous allez faire évoluer à votre gré, mais plutôt de faire se dérouler en quelques secondes une scène qui en temps réel dure plusieurs minutes, voire plusieurs heures. La prise de vues est donc automatisée. Vous pourrez par exemple donner l'impression qu'un escargot se déplace très rapidement ou qu'une bougie se consume en une fraction de seconde et, si vous le désirez, intégrer ces vidéos dans d'autres films filmés de manière différente.

L'étape obligatoire est la configuration de la prise de vues. Nous allons voir qu'il existe deux méthodes de configuration. Une méthode basique qui satisfera la plupart des utilisateurs, et une autre qui séduira les plus pointilleux ou ceux qui cherchent une alternative aux paramètres demandés habituellement.

Commencez par choisir l'activité **Animations** en cliquant sur l'onglet correspondant au lancement du logiciel de gestion de la webcam.

Configuration simplifiée

1 Sous la fenêtre de visualisation de la webcam, cliquez sur le bouton **Configurer** pour afficher la première fenêtre de l'Assistant qui va vous permettre de paramétrer facilement l'animation.

2 Choisissez *Animation accélérée* en cliquant sur la case correspondante et cliquez sur le bouton **Suivant** situé en bas de la fenêtre.

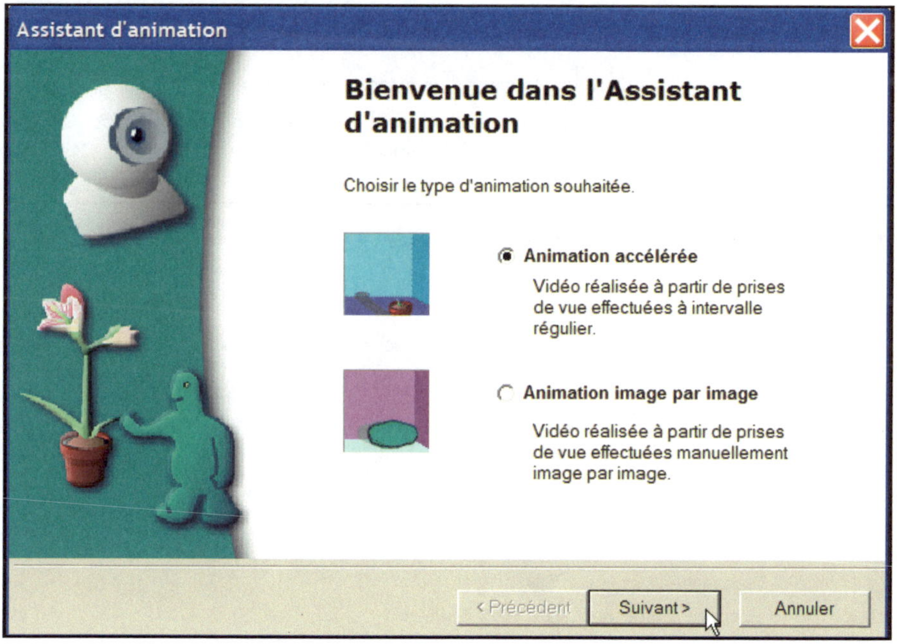

3 Dans la deuxième fenêtre de l'Assistant, cliquez sur *Configuration rapide*. Validez en cliquant sur **Suivant**.

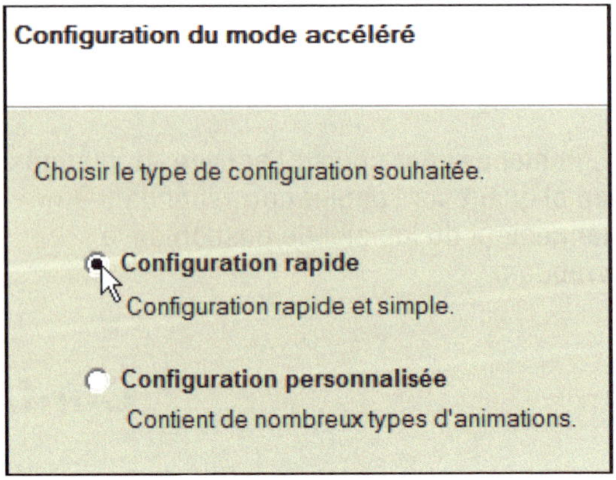

4 La troisième fenêtre vous demande d'entrer les valeurs qui permettront de déterminer l'intervalle de temps entre chaque prise de vues. Vous devez pour cela entrer deux données : le taux d'accélération de la lecture par rapport à la vitesse normale, et la durée totale de l'enregistrement. Les valeurs maximales autorisées sont : un enregistrement de 119 heures accéléré 30 fois. À chaque modification de ces paramètres, vous avez une estimation de la taille des fichiers générés.

Si vous n'arrivez pas à déterminer le taux d'accélération, vous devez revenir en arrière en cliquant sur le bouton **Précédent** et choisir l'option *Configuration accélérée*. La procédure à suivre est décrite dans la section suivante.

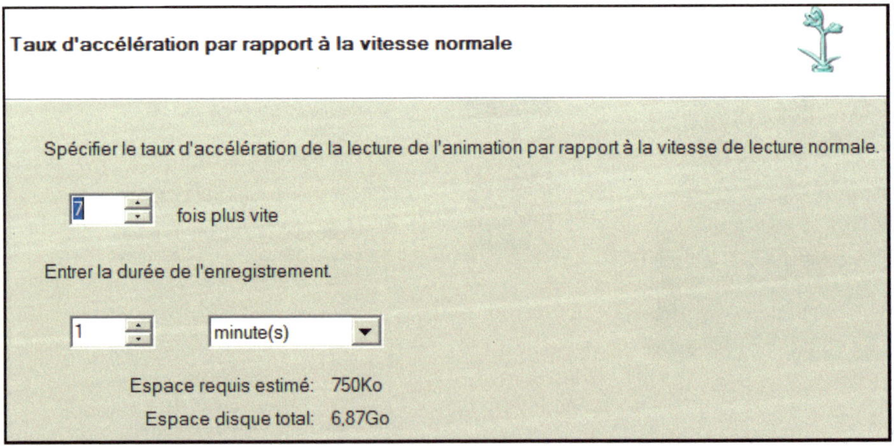

5 En cliquant sur **Suivant**, vous accédez à la dernière étape de la configuration. Vous n'avez plus qu'à valider en cliquant sur **Terminer**, supprimer toutes les informations que vous avez entrées en cliquant sur **Annuler**, ou revenir en arrière pour modifier une donnée en cliquant sur **Précédent**. ■

Personnaliser la configuration

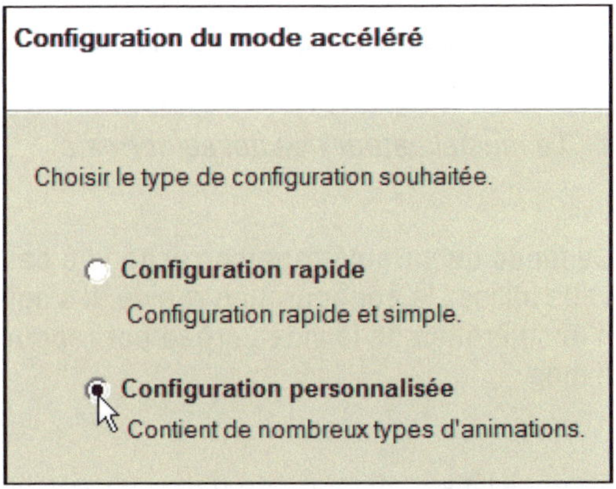

Il peut être déroutant ou peu commode de mesurer une accélération par son taux comme cela est proposé dans l'Assistant de configuration rapide. Il existe d'autres modes de configuration qui pourront vous paraître plus abordables. Pour y accéder, lancez l'Assistant de configuration en cliquant sur le bouton **Configuration** situé sous l'image que filme la webcam. Choisissez l'option *Animation accélérée*. Cliquez sur le bouton **Suivant** et choisissez *Configuration personnalisée* dans la deuxième boîte de dialogue.

La troisième étape vous donne maintenant le choix entre trois modes de configuration. Ces trois modes sont équivalents, seule l'approche est différente. À vous de choisir celui qui convient le mieux à l'utilisation que vous souhaitez faire ou à votre manière d'évaluer l'accélération.

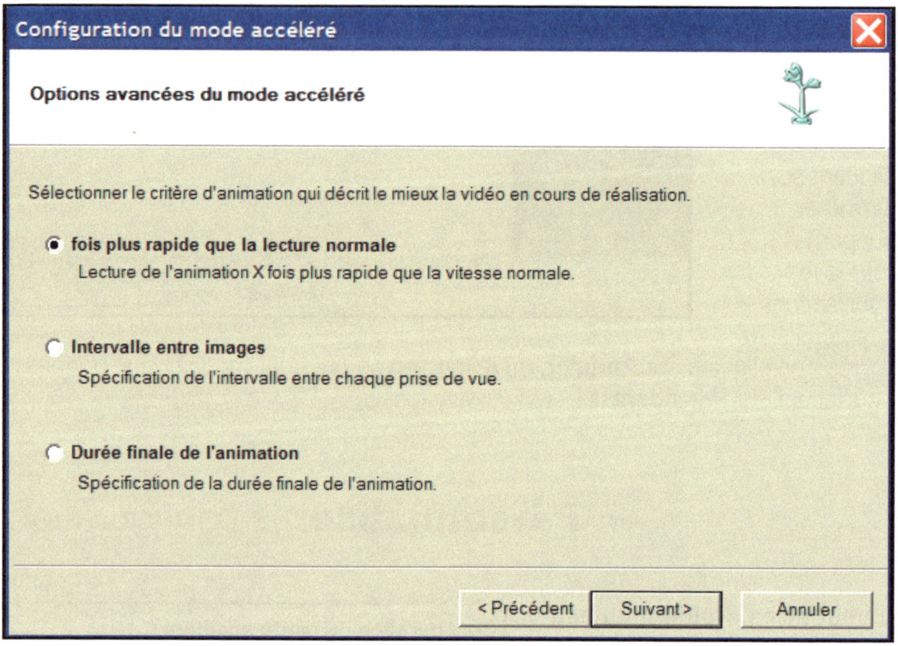

Le multiplicateur de vitesse normale

Ce mode de paramétrage correspond à celui qui est proposé par défaut si vous utilisez la configuration rapide. Il s'agit de déterminer le taux d'accélération de la vidéo créée par rapport à la durée réelle de la scène filmée.

En choisissant ce mode de paramétrage, vous allez devoir entrer deux données. Tout d'abord, le taux d'accélération : si vous souhaitez que la scène se déroule deux fois plus rapidement que la scène normale, entrez 2 dans le champ spécifié.

Dans la deuxième partie, vous devez entrer la durée de l'enregistrement. Elle peut être saisie en secondes, en minutes ou en heures. Le logiciel calcule automatiquement le délai entre deux prises de vues.

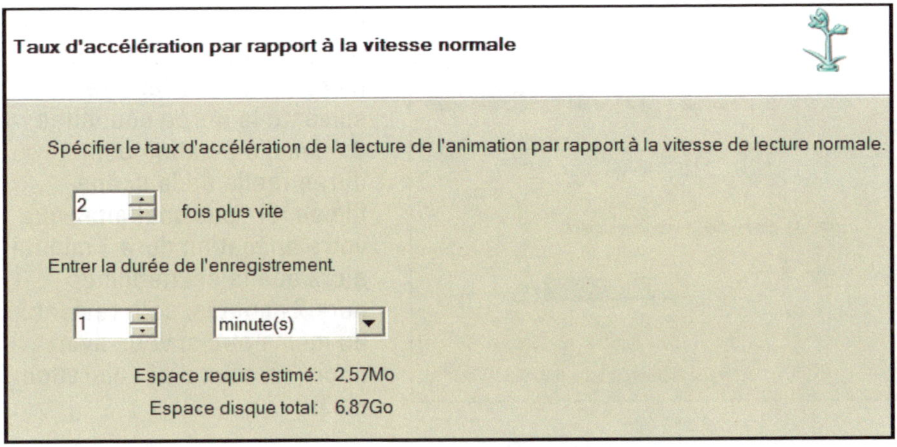

En fonction des intervalles de temps entre chaque image

Vous pouvez choisir de déterminer la durée qui séparera deux prises de vues dans l'animation. Pour cela, choisissez *Intervalle entre images* comme mode de configuration. Dans la fenêtre de paramétrage qui apparaît en cliquant sur **Suivant**, vous devez entrer deux données. La première est la durée entre chaque prise de vues. Si vous désirez que la webcam prenne 1 image toutes les heures, entrez `1 heure` dans le premier champ de saisie.

Le deuxième champ vous permet d'entrer la durée totale de l'enregistrement. La caméra arrêtera de filmer lorsque la durée spécifiée sera atteinte.

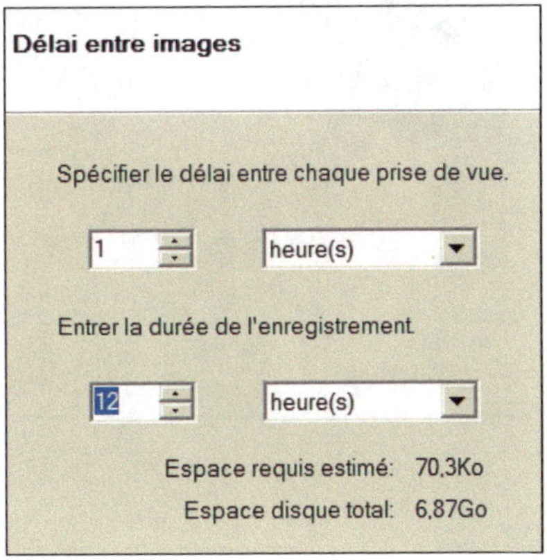

En fonction de la durée d'enregistrement voulue

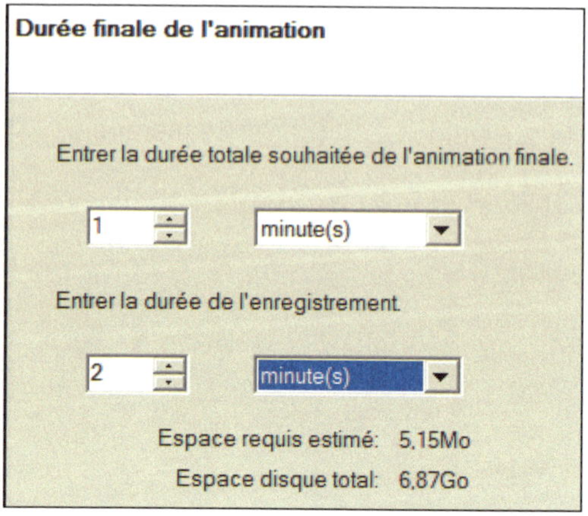

Choisissez la dernière option de configuration *Durée finale de l'animation*. Il vous suffit d'entrer dans la fenêtre suivante la durée souhaitée du film d'animation et la durée réelle de la scène filmée. Si vous souhaitez que votre animation dure 1 minute alors que la scène filmée dure 2 minutes, cela revient au même que si vous aviez choisi un taux d'accélération de 2.

Réalisation de l'animation

Une fois l'étape de configuration terminée, vous pouvez commencer à filmer. Pour cela, un bouton situé sous l'image de visualisation de la webcam est disponible. Il est désigné par **Démarrer accéléré**. Lorsque la caméra est prête (lumière, paramètres, mise au point, support…), vous pouvez cliquer pour commencer à filmer immédiatement. Si vous souhaitez annuler l'enregistrement en cours, cliquez sur le bouton **Arrêter accéléré**.

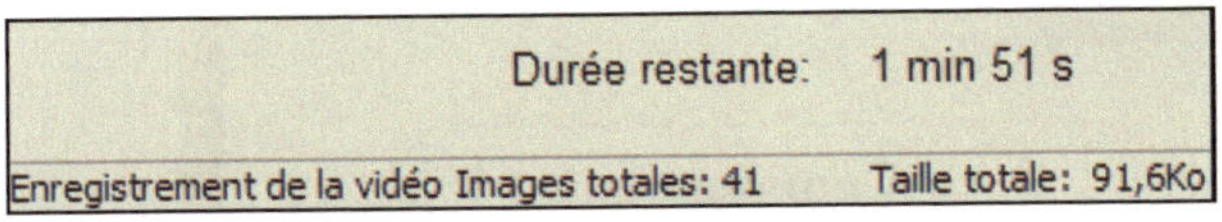

Il est également possible de voir à tout moment où en est la progression de l'animation en consultant la ligne située en bas de l'interface de visualisation de l'image de la webcam. Elle indique combien d'images ont été intégrées à l'animation et quel est le poids du fichier créé jusqu'à présent.

À la fin de l'enregistrement, le lecteur/éditeur de films lance l'animation automatiquement. Le film est également intégré dans la collection et est symbolisé par une vignette dans la partie centrale de la fenêtre principale.

Le détecteur de mouvements

Certains logiciels permettent d'effectuer de la surveillance grâce à une webcam. C'est le cas de QuickCam qui est le logiciel dédié à l'exploitation de la webcam que nous prenons comme exemple dans cet ouvrage. La détection de mouvement permet d'ordonner à la caméra de surveiller une pièce ou un endroit précis d'une pièce et de prendre une image ou de démarrer un enregistrement vidéo dès qu'une activité est repérée.

Nous allons voir dans les paragraphes qui suivent comment exploiter au mieux les possibilités d'une webcam pour cette fonction.

La première chose est bien évidemment de régler la position de la webcam et de déterminer le bon réglage de ses paramètres (mise au point, contraste, lumière...). Choisissez l'activité **Détecteur de mouvements** au lancement du logiciel. Dans la fenêtre de visualisation de l'image filmée par la webcam, vérifiez qu'elle est bien placée et qu'elle couvre le champ voulu pour la surveillance.

La fenêtre de l'activité se présente comme celles des autres : sur la gauche de l'écran, la partie de visualisation avec, juste en dessous, les boutons permettant d'accéder aux fenêtres des paramètres, et sur la droite, la partie réservée aux clips enregistrés. Intéressons-nous tout d'abord aux paramètres. Afin d'y accéder, il faut cliquer sur le petit triangle noir situé sur le bas du bouton **Commencer la surveillance**. Choisissez **Préférences** dans la petite liste qui se déroule.

Une boîte de dialogue composée de trois onglets apparaît. C'est à partir de cette dernière que vous commanderez l'essentiel de l'activité de surveillance de la webcam.

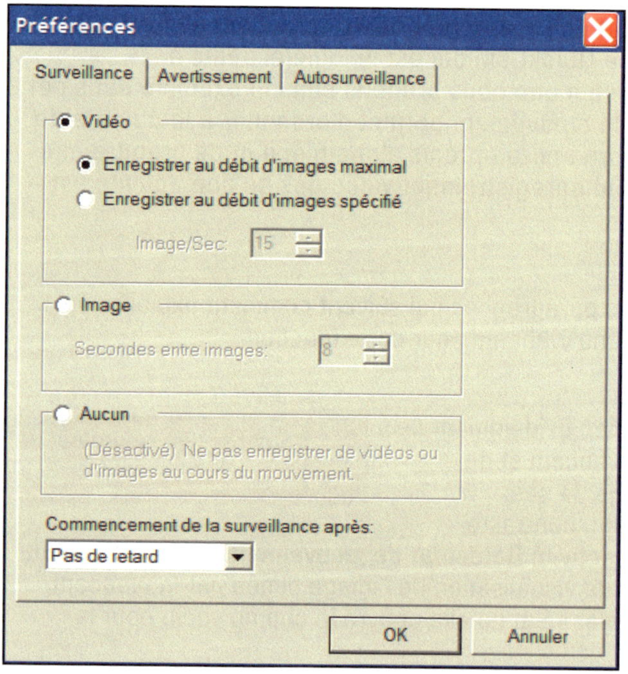

Surveillance

Le premier onglet est intitulé **Surveillance**. Il permet d'accéder aux informations générales. La boîte de dialogue est composée de quatre parties distinctes :

- En cochant la première rubrique nommée *Vidéo*, vous choisissez d'enregistrer une vidéo à partir du moment où la caméra détecte un mouvement. Dès lors, vous pouvez déterminer si la vidéo produite sera enregistrée au niveau maximal de débit d'images (pour une meilleure fluidité de la vidéo produite) ou à un débit plus faible pour générer un fichier moins lourd. Dans ce dernier cas, cochez la case *Enregistrer au débit d'images spécifié* et entrez un nombre d'images par seconde dans le champ situé juste en dessous.

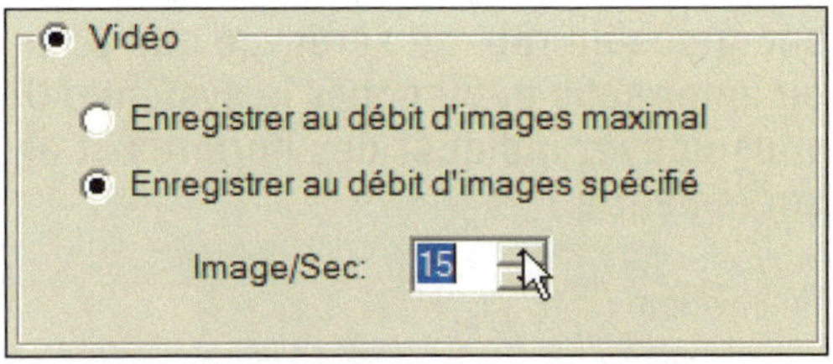

- Si vous préférez ne pas enregistrer de vidéo lorsque la webcam détecte un mouvement, mais plutôt prendre une photo instantanée, cochez la case de la deuxième rubrique intitulée *Image*. Dans le champ qui vous est proposé, vous devez spécifier le nombre de secondes minimal qui doivent s'écouler entre chaque capture. Si vous indiquez un intervalle assez long, la caméra ne prendra aucune image avant la fin de la période spécifiée, et ce même si des mouvements sont détectés pendant cette durée.

- La troisième rubrique désactive tout simplement la prise de cliché ou de vidéo.

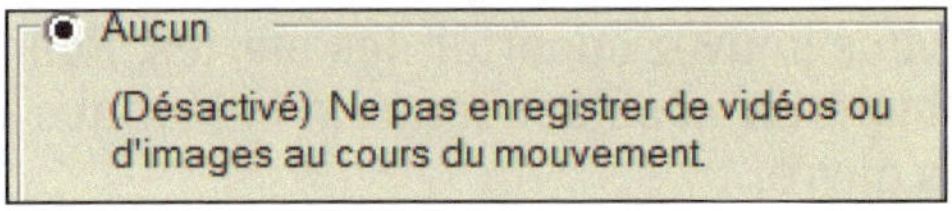

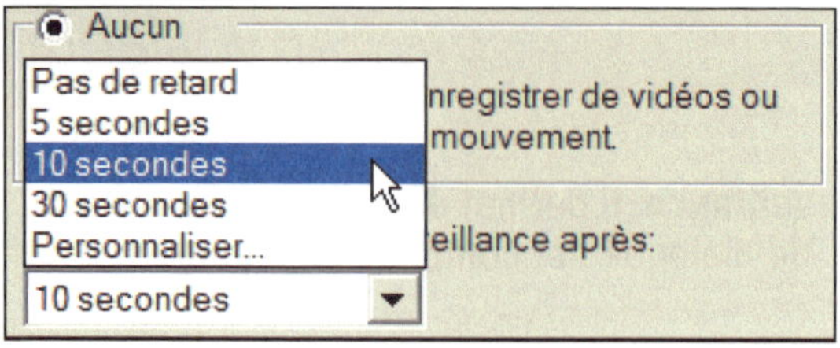

- Enfin, la liste située au bas de la boîte de dialogue permet de spécifier combien de temps après que vous avez cliqué sur le bouton de démarrage de la surveillance, l'activité de la webcam démarrera. Il peut être bon de prendre quelques secondes de rab, ne serait-ce que pour vous laisser le temps de vous éloigner sans déclencher le système. Dans l'onglet **Autosurveillance**, vous pouvez indiquer des horaires et des jours précis pour la surveillance.

Avertissement

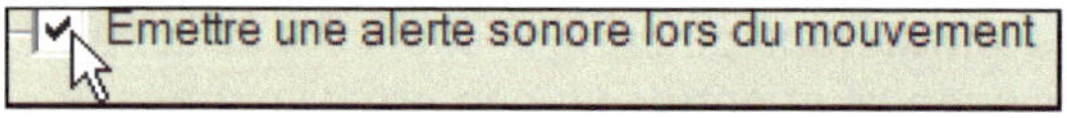

Le deuxième onglet de la boîte de dialogue des préférences est réservé au signal sonore émis à chaque détection de mouvement. Si vous ne souhaitez pas que l'ordinateur émette un son, décochez la case *Emettre une alerte sonore lors du mouvement*. Dans le cas contraire, laissez-la cochée.

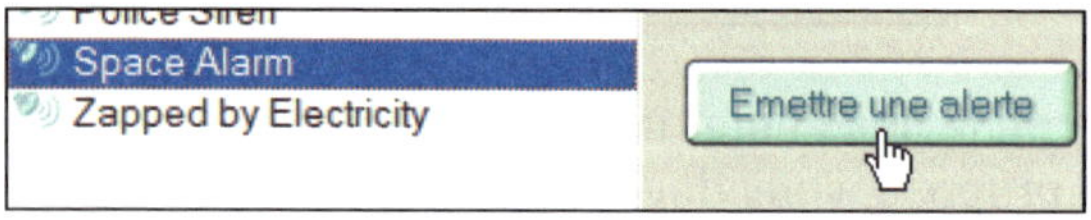

Vous pouvez choisir ensuite une sonnerie dans la liste qui est proposée. Pour avoir un aperçu de chaque sonnerie, sélectionnez-les une à une et, à chaque fois, cliquez sur le bouton **Emettre une alerte**. Vérifiez que le volume de votre système permet d'entendre le signal.

Si vous ne trouvez pas votre bonheur parmi les fichiers audio proposés, vous pouvez importer des alertes. Pour cela, cliquez sur le bouton **Importer** et sélectionnez le fichier que vous voulez dans la fenêtre qui s'ouvre.

Vous pouvez même enregistrer votre propre signal sonore en cliquant sur le bouton **Nouveau**. Dans ce cas, il vous est demandé d'entrer un nom pour le fichier qui sera créé. Il suffit ensuite de cliquer sur le bouton rouge et d'enregistrer l'alerte grâce au microphone de la webcam.

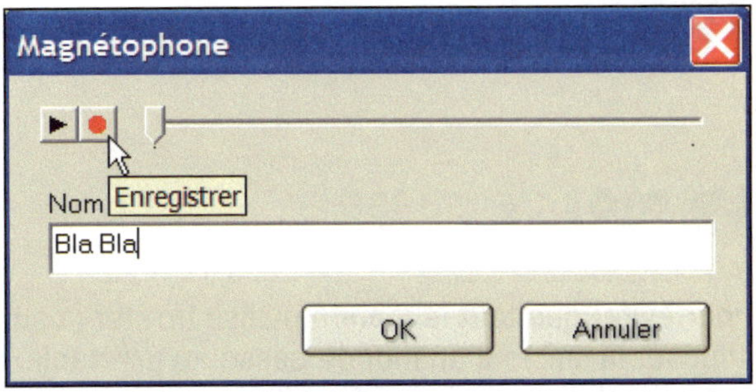

Autosurveillance

L'onglet **Autosurveillance** permet de programmer des plages de surveillance automatique. Aux dates et heures spécifiées, le système de détecteur de mouvement sera activé sans que vous ayez à vous en occuper.

La boîte de dialogue est composée de trois parties. Il vous suffit de cocher les cases qui vous intéressent. La première partie permet de préciser les jours de la semaine, la deuxième, les heures de surveillance, et la dernière permet de choisir une date d'activation du système.

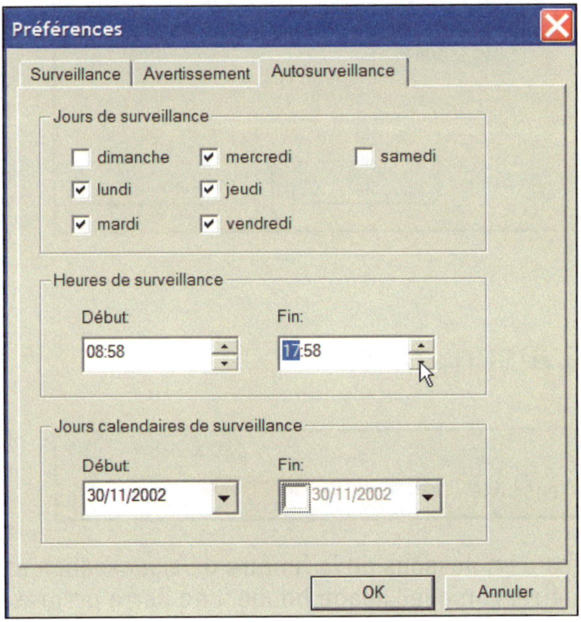

Les options *de surveillance*

Le mot de passe

Pour éviter que tout le monde puisse arrêter la surveillance, vous pouvez imposer la saisie d'un mot de passe au préalable. Pour cela, cliquez sur la petite flèche noire située dans l'angle inférieur droit du bouton **Commencer la surveillance** et choisissez **Définir un mot de passe** dans la petite liste qui apparaît.

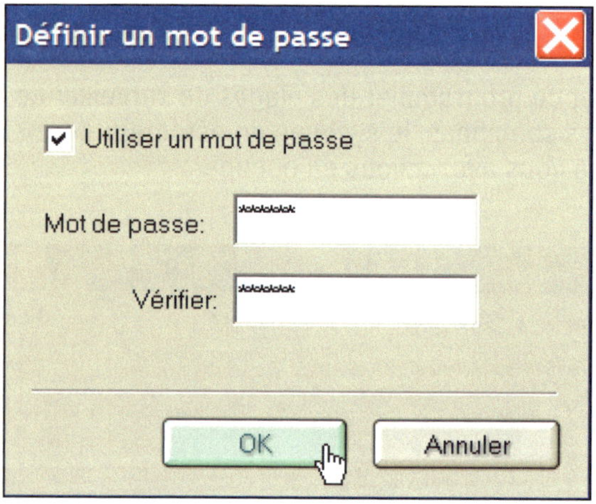

Dans la boîte de dialogue qui s'affiche, cochez la case *Utiliser un mot de passe* et entrez votre mot de passe à deux reprises (pour vérification) dans les deux champs de saisie.

Maintenant, le mot de passe vous sera demandé chaque fois que vous désirerez stopper la surveillance.

La sensibilité

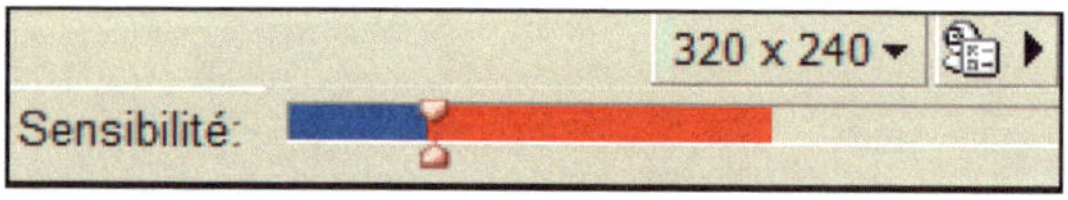

Il est fort possible que la sensibilité du détecteur de mouvement soit à revoir. Cette fonction est visible juste en dessous de la fenêtre de visualisation et est symbolisée par une barre. Lorsque l'image bouge, une barre progresse en direction de la droite. Quand cette barre dépasse la valeur limite symbolisée par un petit curseur, le logiciel détecte le mouvement.

Pour rendre la détection plus sensible, il suffit de faire glisser le curseur sur la gauche. À l'inverse, en le faisant glisser sur la droite, la sensibilité diminue. Dans ce dernier cas, il faudra des mouvements plus amples ou plus rapides pour que la détection ait lieu.

En direct sur le net !

En direct sur le net ! Vous pouvez faire en sorte que ce que filme votre Webcam soit diffusé sur Internet, et donc accessible à tout le monde en direct. Cette application a pris de l'ampleur ces dernières années avec la banalisation des connexions haut débit permanentes dans les foyers ou les bureaux. De plus en plus de pages web présentent en temps réel ce qui se passe dans un appartement, un bureau, un cyber-café, dans une rue, sur une plage ou même dans un zoo !

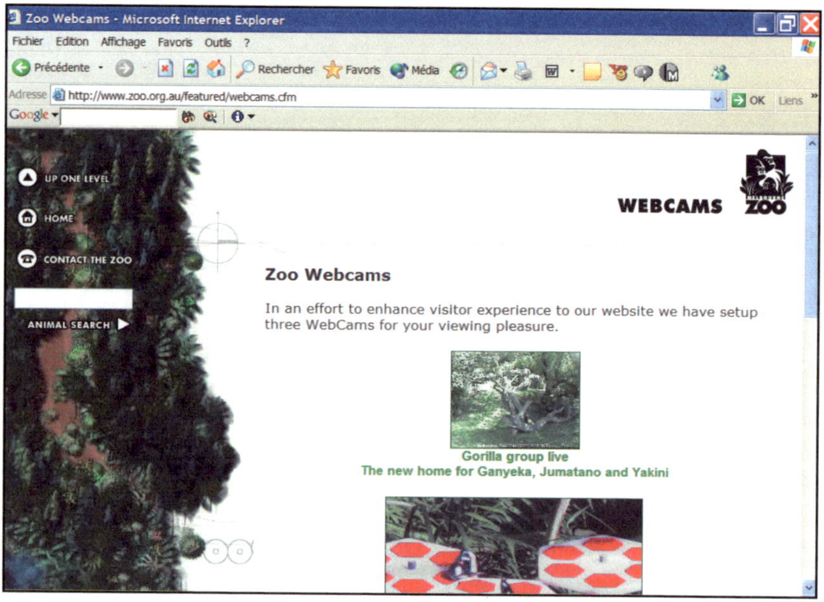

Plusieurs solutions s'offrent à vous, si cette application vous intéresse. Vous pouvez héberger votre Webcam sur un site dédié ou créer vos propres pages. Deux méthodes sont envisageables :

- La méthode dite du " FTP upload " : elle consiste à capturer une image avec une Webcam à intervalles réguliers (de quelques secondes à quelques heures) et à la transférer automatiquement sur un serveur. Elle possède l'avantage d'être très peu gourmande en ressources et donc bien adaptée aux connexions bas débit.

- La méthode du " streaming live " : elle est plus " gourmande " en ressources. En effet, il ne s'agit plus de transférer des images régulièrement, mais d'alimenter en continu la page web qui héberge l'image filmée par la Webcam. Les internautes qui viennent sur vos pages visionnent donc un film, en direct.

Si votre logiciel de gestion de Webcam ne permet pas cette activité ou si vous préférez héberger vos propres pages web personnelles, le FTP upload et le streaming live nécessitent un logiciel pour automatiser les opérations. Dans le cas du streaming, votre ordinateur sert de serveur local. Un grand nombre d'applications permettent d'effectuer ce travail. Malheureusement, aucune n'est actuellement disponible gratuitement.

Nous allons utiliser la plus connue d'entre elles : Webcam32. Une version d'évaluation est téléchargeable sur le site de l'éditeur, à l'adresse www.surveyor.com/products/webcam32_demo.html. Webcam32 est complet et ravira les débutants, qui trouveront là un terrain d'apprentissage de qualité, comme les initiés, qui recherchent un contrôle maximal des transferts.

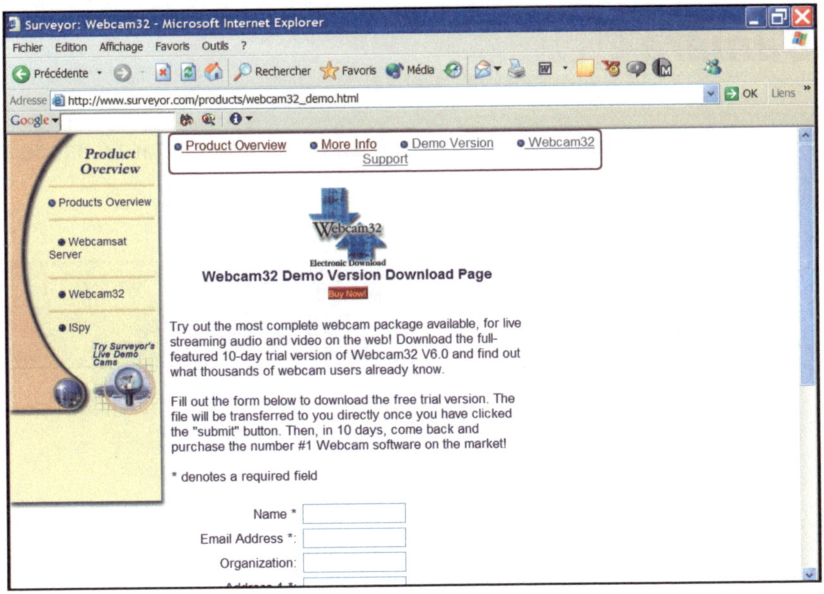

Commençons par la solution la plus simple : l'utilisation de votre logiciel de gestion de Webcam et d'un site de service dédié à votre caméra web.

Utiliser un service Internet

Votre logiciel de gestion fourni avec la Webcam peut vous faciliter le travail en vous permettant d'héberger votre Webcam sur un site dédié. Pour ce faire, choisissez l'activité correspondante au lancement de l'application. Nous prenons ici l'exemple du service du site www.spotlife.com, proposé avec la Webcam que nous utilisons. Ce service est accessible à tous et permet de disposer gratuitement, pendant une période de 30 jours, d'un espace web de 10 mégaoctets pour stocker une galerie d'images web, de diffuser pendant 1 heure de la vidéo en streaming live et d'opérer un nombre illimité de transferts d'image de Webcam.

Caméra *Web*

Nous allons expliquer comment mettre en place une capture d'image à intervalles réguliers.

1 Choisissez l'activité **Caméra Web** au démarrage de votre application de gestion de Webcam.

Il vous est demandé un enregistrement en ligne pour pouvoir ouvrir un compte d'essai gratuit chez le partenaire du logiciel de gestion (ici, le site www.spotlife.com).

2 Cliquez sur l'icône de réglage des paramètres, située sous la fenêtre de visualisation de la Webcam.

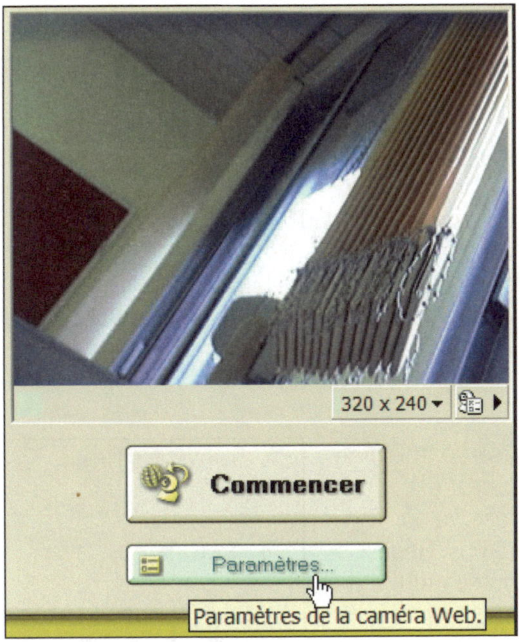

3 Dans la boîte de dialogue qui s'ouvre figurent les paramètres **Page web** par défaut. Entrez une petite phrase pour présenter votre Webcam. Cliquez sur l'onglet **Image**.

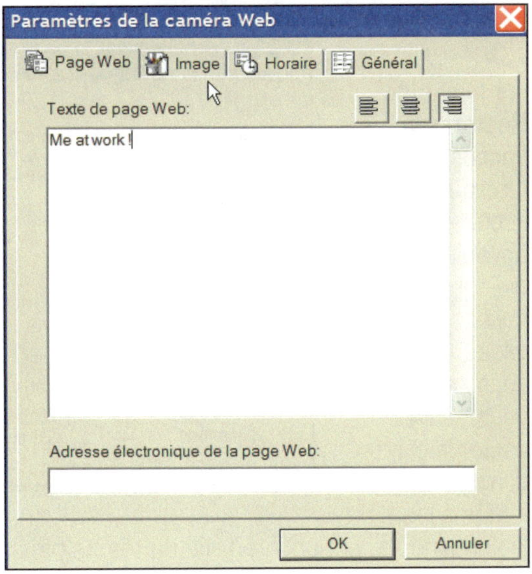

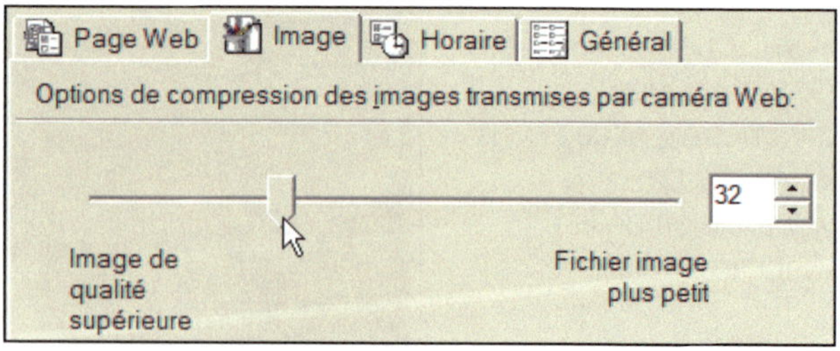

4 Les paramètres d'image permettent de régler la qualité de l'image transmise. Plus vous faites glisser le curseur vers la gauche, meilleure est la qualité. À l'inverse, si vous le faites glisser vers la droite, la qualité de l'image capturée par votre Webcam est moindre.

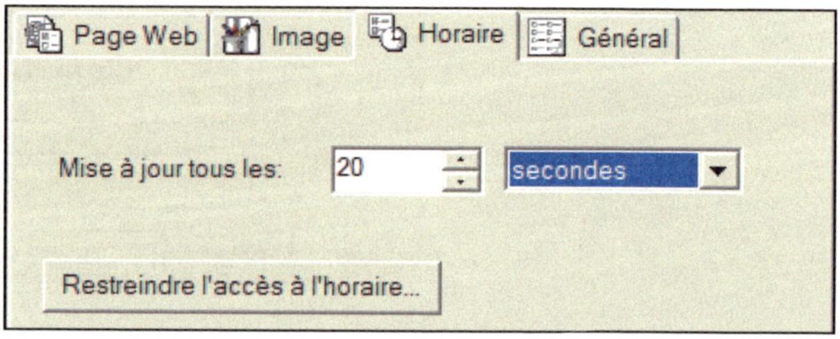

5 Le troisième onglet est réservé au temps. Réglez la durée entre deux captures d'image de votre caméra.

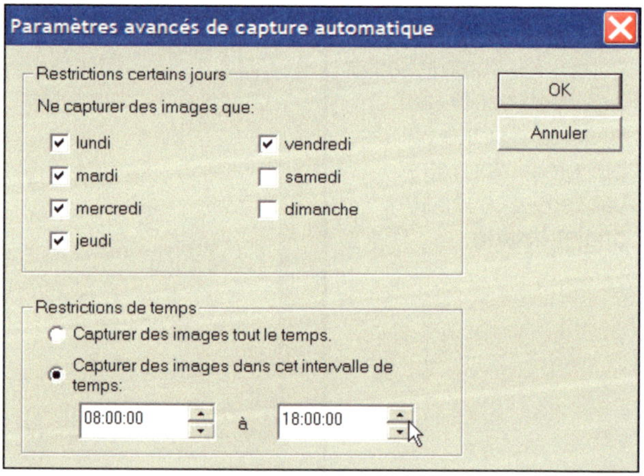

6 En cliquant sur le bouton **Restreindre l'accès à l'horaire**, vous accédez à une nouvelle boîte de dialogue. En cochant les cases appropriées, vous pouvez limiter la capture d'image à certains jours de la semaine, durant un intervalle de temps précis.

7 Le dernier onglet, **Général**, vous offre la possibilité de lancer la Webcam automatiquement au démarrage de Windows. Vous évitez ainsi le lancement manuel de la caméra à chaque démarrage de l'ordinateur.

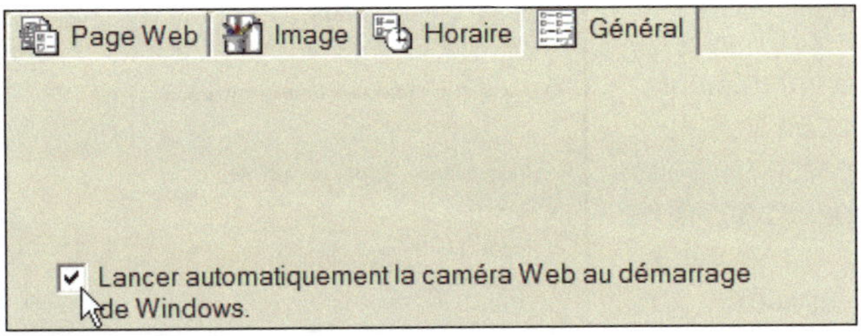

8 Une fois définis tous les paramètres, cliquez sur le bouton **Commencer**.

9 Une série de renseignements vous sont demandés dans différentes boîtes de dialogue. Dans la première boîte de dialogue, indiquez le type de connexion dont vous disposez. Sont différenciées les liaisons par modem à commutation et les autres (réseau d'entreprise, ADSL, câble...). Cliquez sur le bouton **Suivant**.

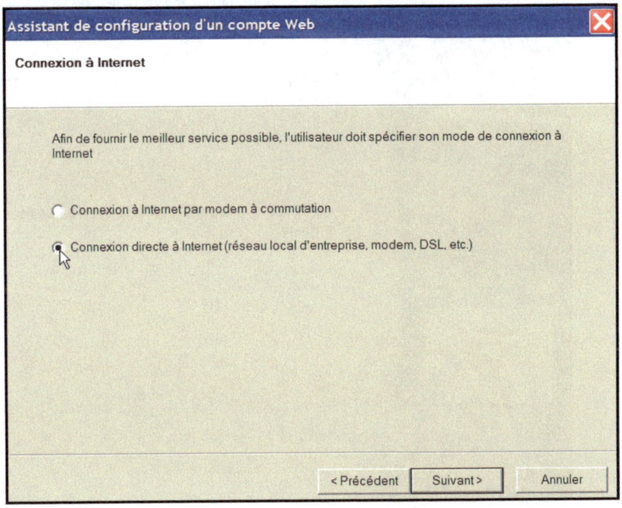

10 Choisissez un identifiant et un mot de passe qui vous permettront d'accéder aux services. Entrez également votre adresse électronique ; elle servira à valider votre inscription ultérieurement.

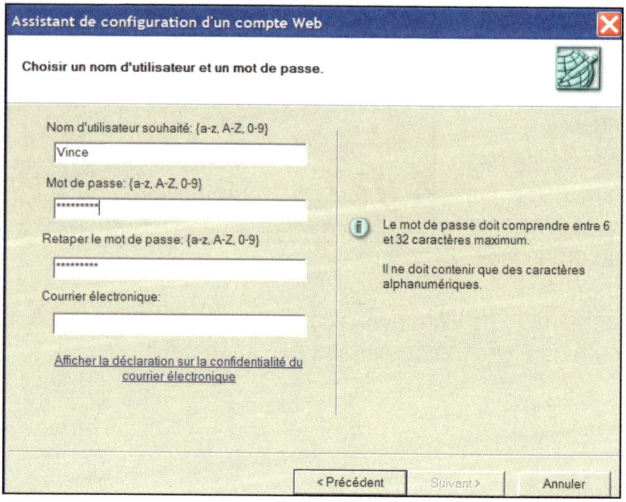

11 Après avoir accepté les conditions d'utilisation, validez la procédure en cliquant sur **Terminer**.

12 Le logiciel ouvre immédiatement une page web pour que vous inscriviez votre caméra. Entrez les informations demandées et validez. Vous devriez recevoir un courriel vous invitant à valider votre compte ; cliquez sur le lien de confirmation. ■

Vous disposez maintenant d'un espace web où est hébergée votre caméra ! Vous devriez recevoir un autre courriel vous rappelant votre identifiant et votre mot de passe.

Dans votre logiciel de gestion, cliquez sur le bouton **Commencer** pour lancer le processus de transfert des images. Une boîte de dialogue vous signale que votre caméra diffuse maintenant sur Internet.

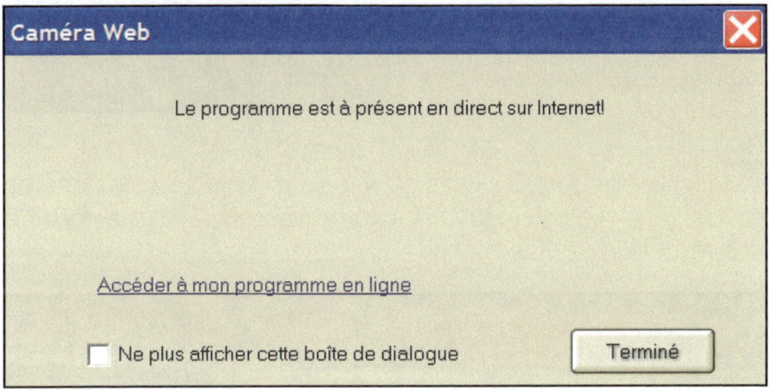

Votre Webcam diffuse donc sur une page dédiée, accessible via le site www.spotlife.com.

Pour inviter vos amis à venir sur cette page, notez son adresse et envoyez-leur un courriel !

Vidéo *en direct*

Le logiciel de gestion de la Webcam peut également vous faciliter la diffusion en direct et en continu de vos films. Il ne s'agit plus de transférer des images à intervalles réguliers, mais de filmer en direct ce qui se passe devant votre Webcam. Pour l'exemple, nous allons utiliser à nouveau le service du site www.spotlife.com, gratuit pendant 30 jours, qui permet de diffuser 1 heure de film en direct.

1 Choisissez l'activité **Vidéo en direct** dans le logiciel de gestion de la Webcam.

2 L'interface dédiée à cette activité est simple. Elle présente, sur la gauche, une vue de ce que filme votre Webcam. L'affichage se fait dans une résolution de 160×120 pixels.

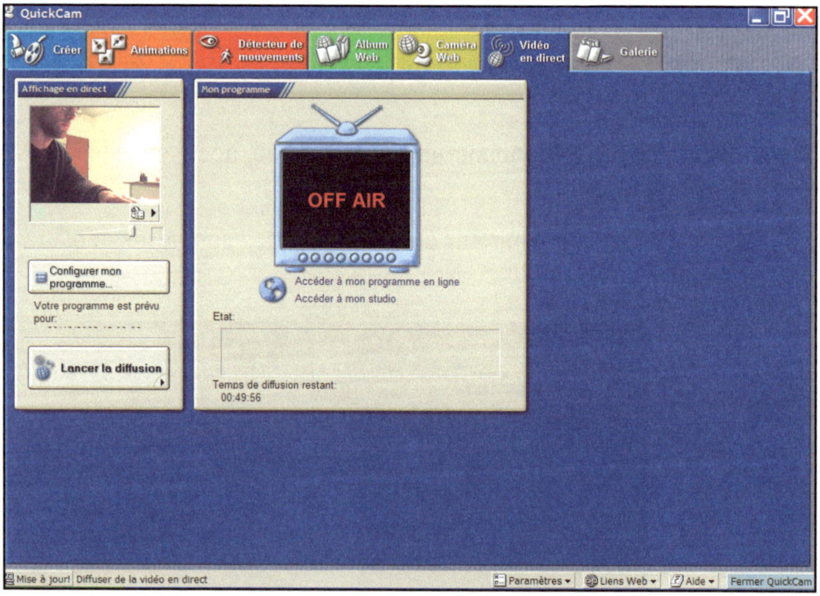

3 Pour configurer le programme que vous allez diffuser, cliquez sur le bouton **Configurer mon programme** situé en dessous de la fenêtre de prévisualisation. Dans la boîte de dialogue qui s'ouvre, vous disposez de plusieurs paramètres ; vous pouvez notamment indiquer si vous désirez commencer la diffusion vidéo maintenant ou si vous préférez qu'elle débute plus tard.

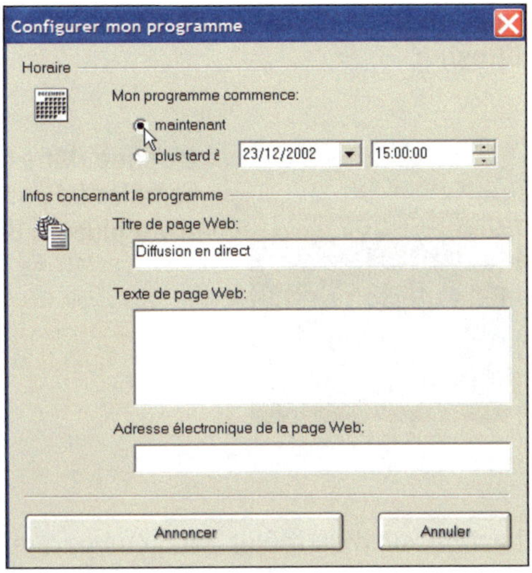

4 Vous avez également la possibilité d'intégrer un titre et un texte dans la page qui hébergera votre vidéo. Les boutons situés au bas de la boîte de dialogue permettent soit d'annoncer le programme comme un vrai programme télévisé, soit d'annuler l'opération. En cliquant sur le bouton **Annoncer**, vous êtes dirigé vers une page sur laquelle vous avez la possibilité de décrire votre programme. Pour vous inscrire au service (si cela n'est pas déjà fait), reportez-vous à la page 123. ■

Le programme commence à l'heure que vous avez indiquée. Il est diffusé sur la page qui vous a été attribuée et dont l'adresse vous a été donnée automatiquement. Dans le logiciel de gestion de la Webcam, vous pouvez visionner le programme en direct dans le petit poste de télévision.

Pour interrompre la diffusion, cliquez sur le bouton **Arrêter la diffusion**.

L'image dans le téléviseur est alors remplacée par un message indiquant qu'il n'y a plus de diffusion.

Il est possible de régler quelques paramètres en cliquant sur la petite flèche noire située dans l'angle inférieur droit du bouton **Lancer la diffusion**.

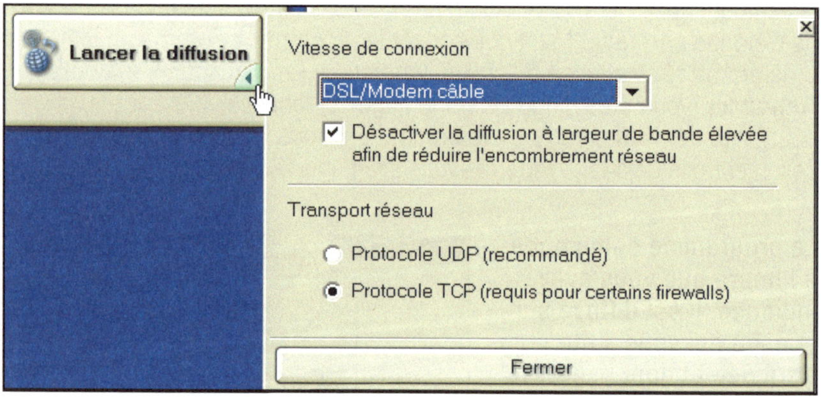

Vous pouvez principalement préciser le type de votre connexion (modem, ADSL...).

Attention : l'inscription gratuite au service du site www.spotlife.com n'offre pas plus de 1 heure de diffusion en direct, sur une durée totale de 30 jours. Cela permet de se familiariser avec la technique et de passer à l'étape suivante sans appréhension : la création de pages hébergeant une Webcam.

Créer un site

Peut-être êtes-vous déjà Webmaster d'un site ou aspirez-vous à le devenir ? Dans ce cas, nul besoin de faire appel à un service en ligne. Il suffit de placer votre Webcam sur vos propres pages web. Nous allons détailler ici deux techniques permettant de le faire : le FTP upload et le streaming live. Dans les deux cas, un logiciel autorisant ce type d'opération est nécessaire. Ici, nous avons utilisé l'un des plus célèbres : Webcam32.

FTP upload : *la solution pour les bas débits*

Le principe est le suivant : lorsque vous êtes connecté sur Internet, votre Webcam capture une image et la transfère au serveur. Les internautes surfant sur la page de visionnage de la Webcam voient donc se renouveler les images de votre Webcam avec la fréquence que vous avez définie.

L'image transférée pèse généralement moins de 5 Ko et possède par défaut une résolution moyenne de 320×240 pixels. Cette méthode peu gourmande en bande passante est un véritable atout pour les Webmasters ne possédant pas de connexion haut débit ou ne voulant pas se servir de leur machine comme serveur (cas de la technique du streaming).

Pour ne pas pénaliser les internautes connectés en bas débit, évitez les intervalles de rafraîchissement de l'image trop courts. Un maximum de 15 secondes est correct. Si l'image est renouvelée plus fréquemment, elle risque de ne pas être totalement affichée avant d'être remplacée par la suivante ! Au final, l'internaute ne voit rien !

Pour configurer cette solution, procédez comme suit :

1 Lancez Webcam32 et commencez à configurer l'accès à votre compte FTP. Il vous est demandé le nom du serveur (dans l'exemple, ftp.multimania.com). Cliquez sur le bouton **Suivant**.

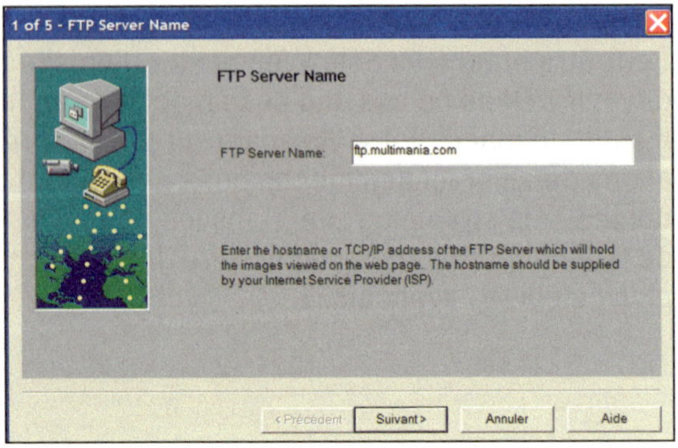

2 Entrez votre login ainsi que le mot de passe nécessaire pour vous connecter au serveur de votre hébergeur. Ce dernier vous a fourni ces informations au moment de la création du compte.

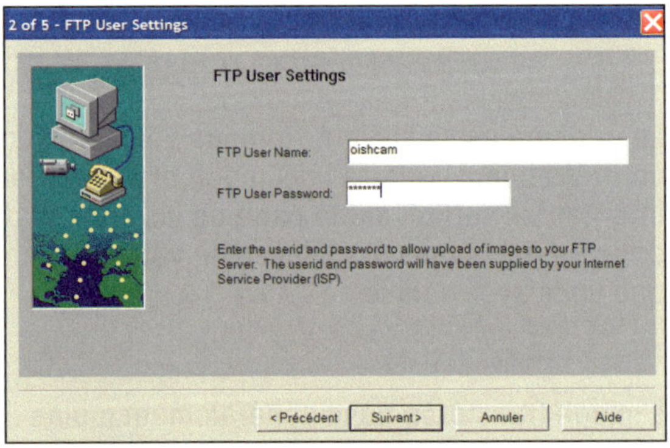

3 Dans la troisième fenêtre de configuration, choisissez le nom de l'image à générer. Ce nom sera celui de l'image transférée. En effet, l'image de votre Webcam sur vos pages sera remplacée

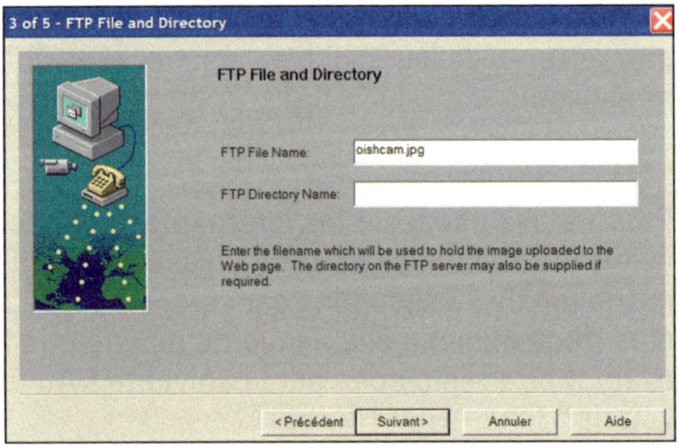

régulièrement, mais aura toujours le même nom (dans l'exemple, *oishcam.jpg*). Saisissez également le nom du dossier dans lequel sera stockée l'image dans votre espace web. Cliquez sur le bouton **Suivant**.

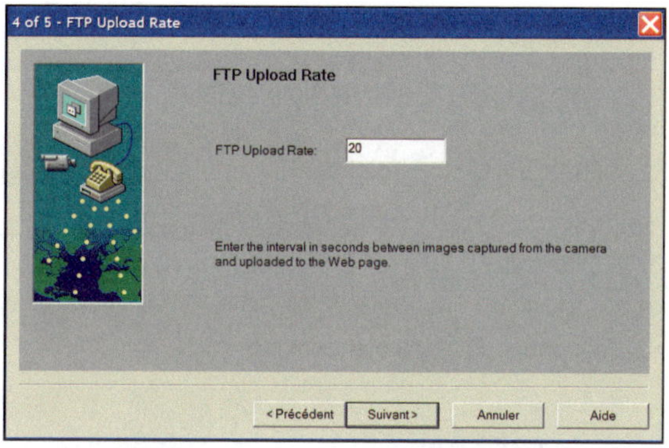

4 Dans le champ *FTP Upload Rate*, insérez la durée entre deux captures d'image. Cela signifie que votre Webcam capturera et enverra sur le serveur une image toutes les x secondes. Nous verrons plus loin (page 134) comment faire pour que la page sur l'écran de l'internaute se rafraîchisse automatiquement, le but étant qu'il voie la nouvelle image qui vient d'être uploadée sur le serveur.

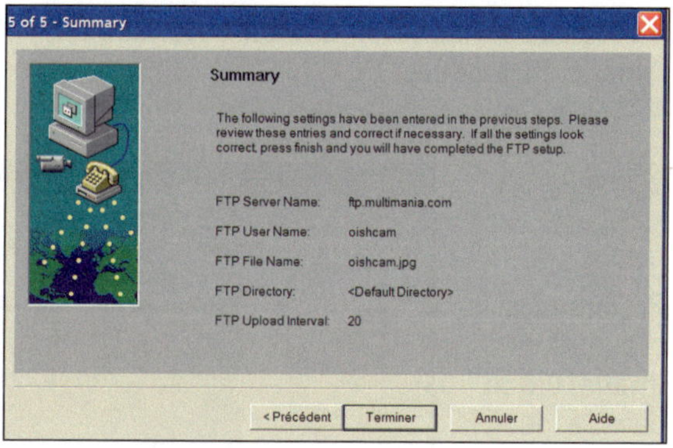

5 Les premiers réglages sont récapitulés dans la dernière fenêtre. Si vous êtes satisfait, cliquez sur le bouton **Terminer**. Sinon, revenez en arrière dans la procédure en cliquant sur le bouton **Précédent** autant de fois que nécessaire. ■

Afin d'accéder et de pouvoir modifier tous les paramètres de transfert, choisissez **File/Preferences**.

Vous retrouverez les paramètres entrés précédemment dans le menu de gauche en cliquant sur le signe **+** situé à côté de **FTP** puis en sélectionnant **Basic**. Pour sauvegarder un certain nombre d'anciennes images, entrez le nombre en question dans le champ *Save Count*.

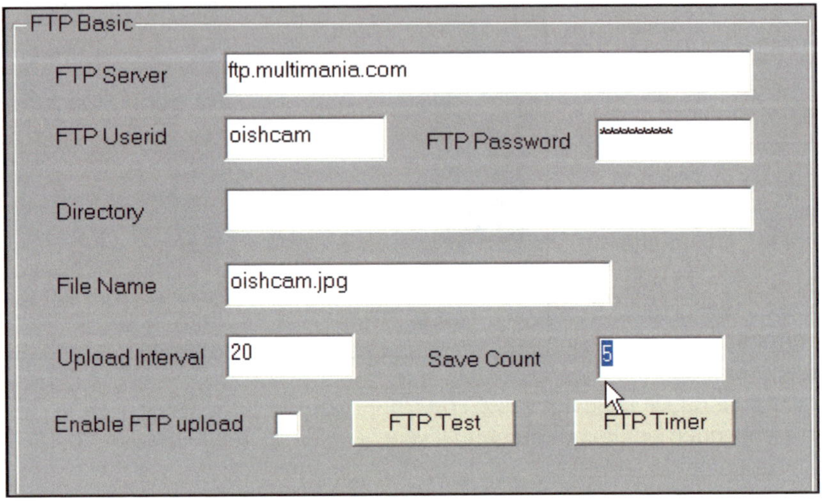

Il est possible de saisir des caractéristiques personnalisées pour l'image à transférer :

1 Dans la boîte de dialogue **Preferences**, cliquez sur **Image/Video** dans le menu de gauche.

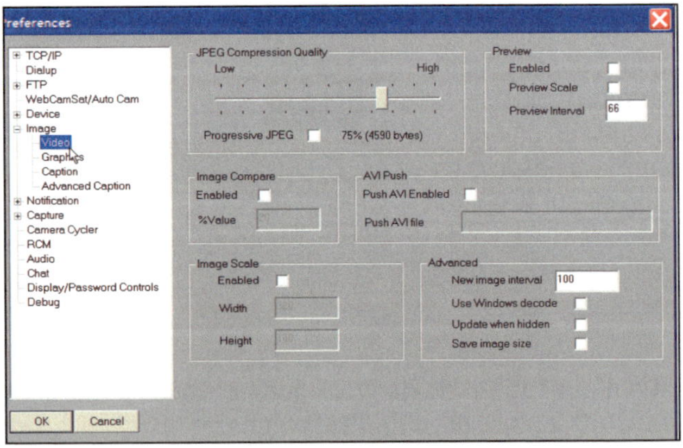

2 Dans la rubrique *JPEG Compression Quality*, choisissez de plus ou moins compresser l'image à transférer.

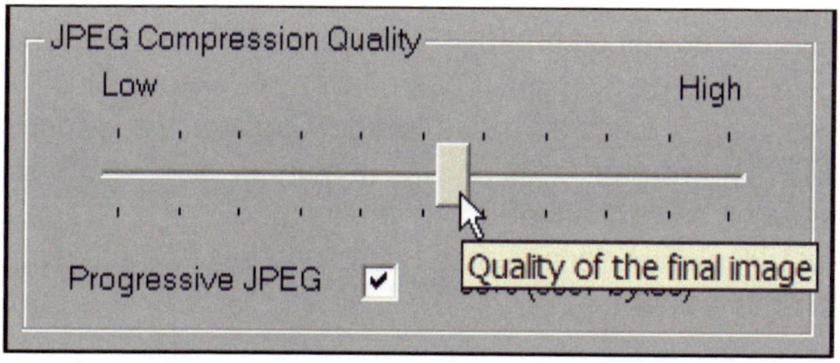

Pour compresser davantage le fichier image, faites glisser le curseur vers la gauche. Plus la compression est forte, moins la qualité de l'image est bonne. Une qualité excellente est obtenue à partir d'un taux de compression de 80 %. Le fichier généré est alors relativement lourd, donc plus long à charger pour vos visiteurs. Entre qualité et taille de fichier, il vous revient de trouver le compromis idéal. L'option *Progressive JPEG* permet de produire une image qui s'affiche en plusieurs fois ; une version basse résolution de l'image est chargée préalablement, ce qui permet de donner plus rapidement quelque chose à voir à l'internaute...

3 La deuxième option intéressante de cette boîte de dialogue est *Image Scale*, qui permet de modifier la taille de l'image. Si vous l'augmentez démesurément, la qualité diminue rapidement. Il est parfois intéressant de diminuer la taille de l'image pour l'adapter au design du site par exemple. Cochez la case *Enabled* et entrez les nouvelles valeurs en pixels dans les champs correspondants (*Width* pour largeur et *Height* pour hauteur). Prenez garde à bien respecter les proportions !

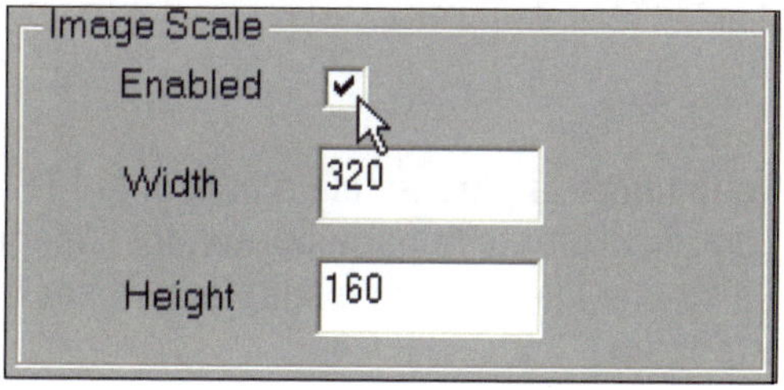

4 Les autres paramètres sont accessibles via le menu de gauche de cette boîte de dialogue. Vous pouvez par exemple incruster un texte sur vos images grâce au menu **Image/Caption**. Via le menu **FTP/Thumbnail**, vous pouvez demander que l'image soit transférée au serveur, accompagnée d'une image identique, mais de taille plus réduite (pratique pour placer l'image dans une page de présentation par exemple !). ■

Les quelques paramètres que nous venons d'entrer suffisent largement pour commencer à transférer des images sur Internet.

Cliquez sur le bouton **FTP start** pour débuter le processus de transfert automatique. Bien évidemment, si vous n'êtes pas connecté, l'opération ne peut s'effectuer. C'est alors la dernière image enregistrée qui est vue par les internautes.

Maintenant que les images sont transférées au serveur à intervalles réguliers, le travail n'est pas encore terminé. Il faut afficher ces dernières... et renouveler leur affichage !

Renouveler toute la page

La manière la plus simple d'utiliser le FTP upload est de renouveler (rafraîchir) toute la page contenant l'image de la Webcam. Il suffit de saisir une ligne de code supplémentaire dans la page de votre Webcam.

Pour afficher l'image, rien de plus simple : entre les balises <body> et </body> de la page, insérez le code suivant en remplaçant www.votre site.com/cam/cam.jpg par le chemin qui conduit à l'image de votre Webcam :

```
<img src="http://www.votre site.com/cam/cam.jpg"
✂ border="0" alt="ceci est ma webcam" width="320"
✂ height="240">
```

Voici un exemple de code pour une page entière présentant l'image de la Webcam rafraîchie toutes les 15 secondes, avec un lien vers une page " archives " où sont présentées les quatre dernières images.

```
<html>
<head>
<title>Voici ma webcam</title>
<meta http-equiv="Content-Type" content="text/html;
✂ charset=iso-8859-1">
<meta http-equiv="refresh" content="15">
</head>

<body bgcolor="#FFFFFF">
<div align="center">Voici ma webcam :<br>
  <img src="http://www.votre site.com/cam/cam.jpg"
  ✂ border="0" alt="ceci est ma webcam" width="320"
  ✂ height="240">
  <br>
  (l'image est rafraîchie toutes les 15 secondes
  ✂ automatiquement)<br>
  <a href="archives.htm">Pour voir les six dernières
  ✂ images, cliquez ici.</a>
</div>
</body>
</html>
```

Le lien vers la page *archives.htm* est facultatif. Il s'agit d'une page (nommée *archives.htm*) sur laquelle vous présentez les dernières images prises par votre caméra. Voici un exemple simple de code permettant d'afficher les six dernières images prises par votre Webcam. Elles sont renouvelées toutes les minutes. L'exemple suivant part du principe que Webcam32 envoie les images archivées sous la forme de fichiers nommés *webcam1.jpg, webcam2.jpg*... Pour plus de précisions, reportez-vous à la page 132.

```
<html>
<head>
<title>Pages des archives</title>
<meta http-equiv="Content-Type" content="text/html;
✂ charset=iso-8859-1">
<meta http-equiv="refresh" content="60">
</head>
<body bgcolor="#FFFFFF">
<div align="center">Voici les dernières images
✂ prises par la webcam.
<table width="75%" border="0" cellspacing="2">
  <tr>
    <td><img src="webcamthumb1.jpg"></td>
    <td><img src="webcamthumb2.jpg"></td>
    <td><img src="webcamthumb3.jpg"></td>
    <td><img src="webcamthumb4.jpg"></td>
    <td><img src="webcamthumb5.jpg"></td>
    <td><img src="webcamthumb6.jpg"></td>
  </tr>
</table>
(Les archives sont mises à jour toutes les
✂ minutes)</div>
</body>
</html>
```

Insérez la ligne suivante entre les balises <head> et </head> de la page web :

```
<meta http-equiv="refresh" content="15">
```

Si ce code n'est pas présent, la page n'est pas rafraîchie et l'image chargée en premier reste telle quelle. Dans l'exemple, la valeur 15 représente la durée en secondes, entre deux rechargements de la page.

L'inconvénient avec cette technique est que la page doit être entièrement rechargée pour que l'internaute puisse visualiser la nouvelle image. Dans les exemples précédents, les fichiers *.html* générés sont très légers car ils ne présentent pas de mise en page élaborée. Mais bien souvent, la page entière est un fichier lourd et donc long à afficher.

Renouveler uniquement l'image de la Webcam

Pour éviter à l'internaute de recharger la page entière, il suffit de renouveler uniquement l'image. Vous pouvez aussi jouer avec l'affichage pour que la page soit moins longue à charger. Le gain de temps et le confort des visiteurs s'en trouveront fortement augmentés.

Trois techniques sont envisageables :

- L'utilisation d'" iframes " : il s'agit d'insérer des " ouvertures " dans la page web. Ces ouvertures donnent à voir une autre page web contenant l'image de la Webcam.
- L'utilisation de fenêtres pop-up : ce sont des petites fenêtres présentant une page très simple, avec uniquement l'image de la Webcam.
- L'utilisation d'un code Java pour renouveler l'image directement.

L'utilisation d'un iframe est très pratique. Dans une page web de votre site, vous pouvez insérer le code suivant à l'endroit où vous désirez afficher l'image de votre Webcam. Les dimensions de l'iframe doivent correspondre à la taille de l'image de la Webcam.

```
<iframe src=http://www.votresite.com/webcam.htm
✂ frameborder=0 width=320 height=240
scrolling=no></iframe></p> <IMG src="C6-35.tif"
✂ largeur="542" hauteur="304" suite="1">
```

L'intégration dans une page est totalement transparente.

La page *webcam.htm* ne possède que le code d'affichage de l'image, à savoir :

```
<html>
<head>
<title>Image de ma webcam</title>
</head>
<body>
<img src="webcam.jpg">
</body>
</html>
```

Entre les balises <head> et </head> de la page *webcam.htm*, placez le code de rafraîchissement automatique de la page toutes les x secondes :

```
<meta http-equiv="refresh" content="x">
```

Cette technique est efficace et permet de maintenir affichés le design de vos pages et le menu de votre site en permanence.

La technique de la fenêtre pop-up est en tout point identique à celle de l'iframe. Il s'agit de ne pas insérer l'image de la Webcam dans le design du site, mais d'ouvrir une petite fenêtre dédiée lorsque le visiteur clique sur un lien.

Vous devez insérer ce lien sur une page de votre site, invitant les internautes à visionner votre Webcam. Ce lien est un peu particulier. Voici son code :

```
<A HREF="#"
onClick="window.open('webcam.htm','Webcam','toolbar
✂ =0, location=0, directories=0, status=0,
✂ scrollbars=0,
resizable=0, copyhistory=0, menuBar=0, width=320,
✂ height=240);return(false)">Cliquez ici pour voir
✂ ma Webcam</A>
```

La page *webcam.htm* possède les mêmes caractéristiques que celle décrite précédemment dans le cadre de l'utilisation d'un iframe (page 20), à savoir le même code minimaliste et la balise <meta> permettant de rafraîchir la page automatiquement toutes les x secondes.

À côté de ces astuces de mise en page permettant d'améliorer la présentation d'une Webcam, il existe une méthode bien plus élégante. Il s'agit d'utiliser un petit programme Java (aussi appelé applet Java) fourni par l'éditeur du logiciel Webcam32.

1 Rendez-vous à l'adresse où l'applet est téléchargeable : www.surveyor.com/support/webcam32help/java.html.

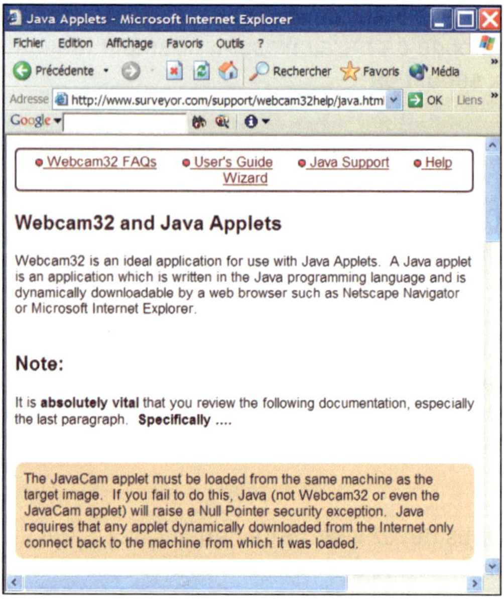

2 Cliquez du bouton droit sur le lien menant au fichier *javacam.zip* et, dans le menu déroulant, sélectionnez **Enregistrer la cible sous**. Choisissez un dossier pour y placer le fichier. Le téléchargement commence.

3 Une fois terminé l'enregistrement sur votre disque dur, le fichier se présente sous la forme d'un fichier " zippé " qu'il faut extraire avec un logiciel tel que Winzip. En double-cliquant sur le fichier à partir de l'Explorateur Windows, vous

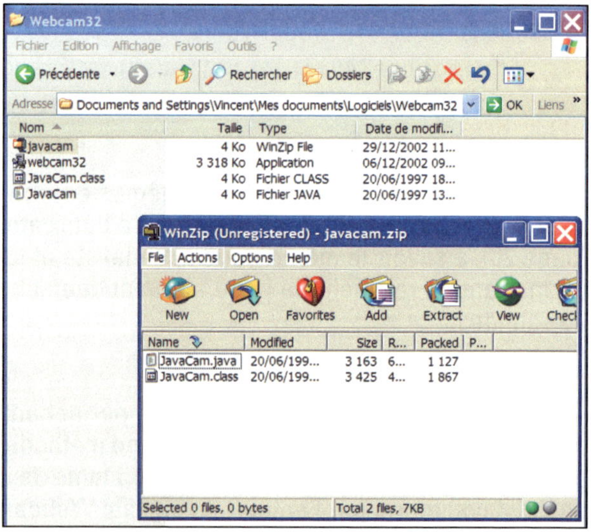

démarrez Winzip. Cliquez alors sur le bouton d'extraction et choisissez un dossier pour enregistrer le fichier " dézippé ". Lorsque vous validez, il est disponible à cet emplacement. ■

L'applet Java

L'applet JavaCam doit être chargée depuis la même machine que celle qui envoie l'image cible. Si tel n'est pas le cas, vous obtenez un message d'erreur.

Le fichier " dézippé se nomme *CamJava.class*. À l'aide de votre logiciel de transfert FTP, placez-le sur votre espace web, dans le dossier où se trouve l'image uploadée.

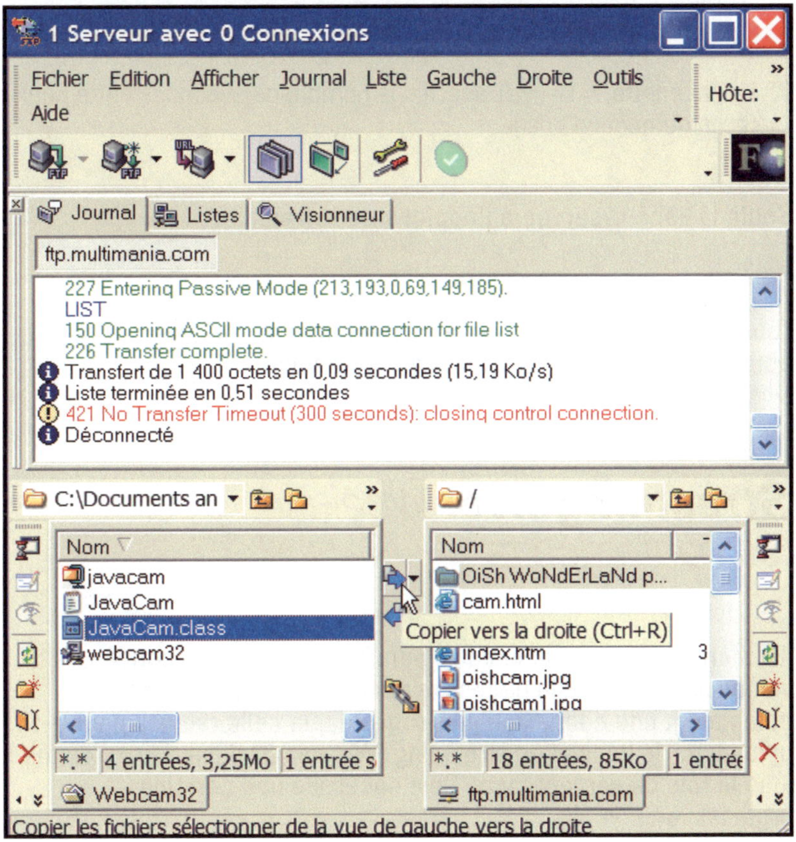

Insérez le code suivant dans la page qui présente l'image :

```
<APPLET code="JavaCam.class" width=320 height=240>
<PARAM name="url"
value="http://www.votresite/webcam.jpg">
<PARAM name="interval" value="30">
</APPLET>
```

- `Width` et `Weight` représentent respectivement la largeur et la hauteur en pixels de l'image transférée au serveur.
- Le paramètre `url` correspond à l'adresse de l'image sur le serveur.
- Le paramètre `interval` spécifie le nombre de secondes entre deux rechargements d'image.

Seule la zone réservée à l'applet sera rafraîchie.

Toutes ces astuces de mise en page peuvent également être appliquées lorsque vous faites du streaming.

Streaming live: *la solution pour les hauts débits*

La technique du streaming live permet de diffuser en continu de la vidéo sur Internet. Elle nécessite donc plus de ressources, et notamment une connexion plus robuste que celle requise pour le FTP upload. Ici, le logiciel de streaming (Webcam32 dans notre exemple) joue le rôle de serveur local. Cela nécessite une certaine organisation...

L'adresse IP

Récupérez votre adresse IP (Internet Protocol), qui permet d'identifier votre ordinateur sur le réseau. De multiples méthodes et scripts permettent de trouver simplement cette adresse. Une astuce très répandue chez les utilisateurs du logiciel NetMeeting est de lancer le logiciel et de faire **?/A propos de Windows Netmeeting**. Au bas de la fenêtre qui s'ouvre figure l'adresse en question.

Si votre adresse IP change lors de différentes connexions par exemple (adresse IP dynamique), Webcam32 se charge de modifier les fichiers nécessaires à chaque fois.

Le streaming live avec Webcam32

Pour utiliser la fonction de streaming de Webcam32, activez l'applet Java nécessaire, ainsi que le serveur Push (serveur local) :

1 En ce sens, lancez Webcam32 et choisissez **File/Preferences**. Puis, dans le menú de gauche, sélectionnez **TCP/IP**, puis **Features**.

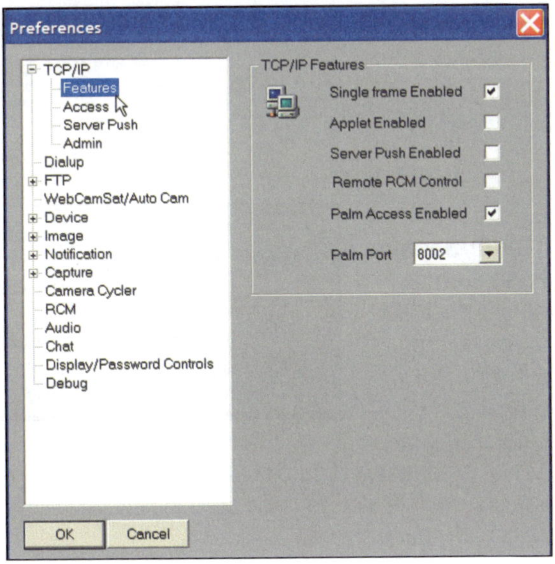

2 Dans la partie de droite, cochez, en plus des options activées par défaut, les cases *Applet Enabled* et *Server Push Enabled*.

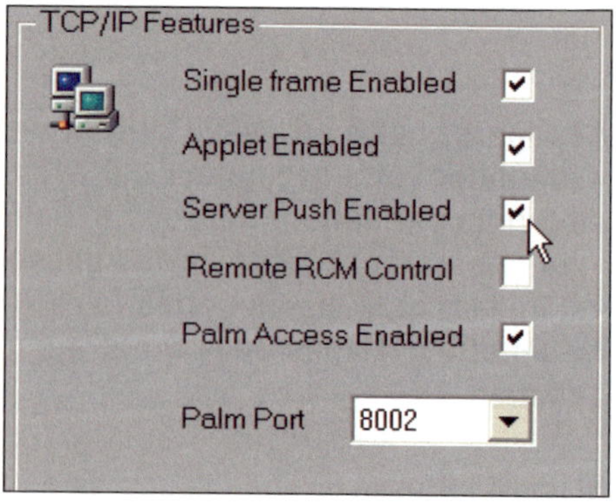

3 Dans le menu **TCP/IP**, sélectionnez **Access** et saisissez (si cela n'est pas déjà fait) `8888` dans le champ *Remote access port*.

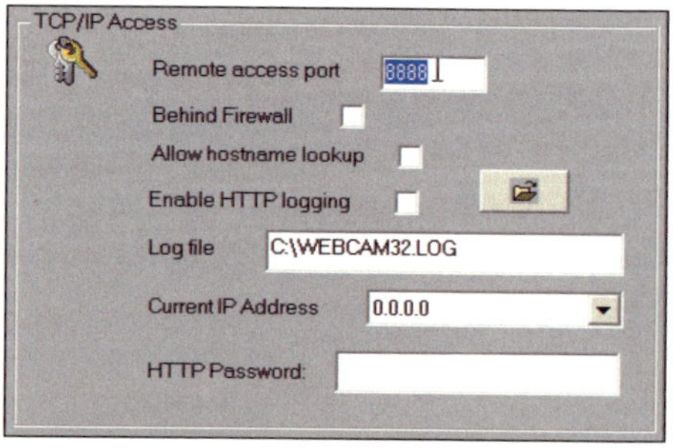

4 Le menu **TCP/IP/Server Push** permet de spécifier la durée de diffusion. En effet, les paramètres par défaut stoppent la diffusion au bout de 60 secondes. Augmentez les valeurs de durée et de taille dans les champs *Maximum push interval* et *Maximum push size*. ■

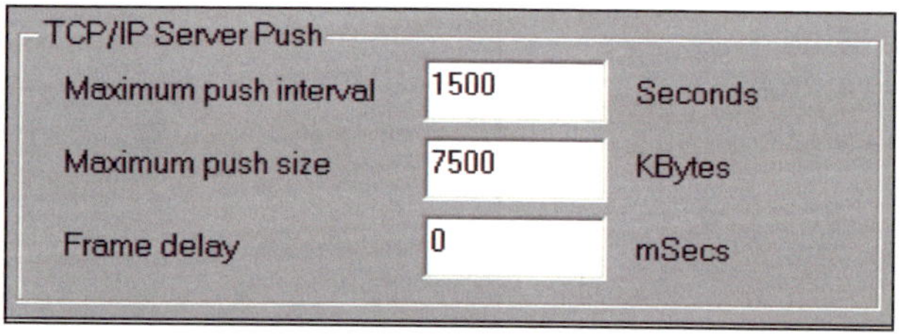

La première partie de l'opération est terminée. Il faut maintenant saisir un peu de code à l'aide d'un éditeur HTML, ou mieux, du Bloc-notes de Windows. Entrez le code suivant dans le document :

```
<html>
<head>
<title>Streaming webcam</title>
</head>
<body bgcolor="#EEEEEE">
<applet width=320 height=240
✂ code="JavaCamPush.class" archive="javaCamPush.jar"
✂ codebase="http://%%IP%%:8888/ applet">
<param name="cabbase" value="JavaCamPush.cab">
<param name="URL" value="http://%%IP%%:8888/">
<applet>
</body>
</html>
```

Si votre adresse IP est dynamique, laissez ce code tel quel ; si elle est fixe, remplacez `%%IP%%` par votre adresse IP. Sauvegardez le fichier. Nous l'avons appelé pour l'exemple *appletjava.htm*.

1 Revenez à Webcam32 et, toujours dans le menu de gauche des préférences, cliquez sur **FTP**, puis sur **IP upload**. Dans le champ *Page to upload*, saisissez le chemin d'accès au fichier *appletjava.htm*. Cochez également la case *Upload HTML page at Webcam32 startup* si votre adresse IP n'est pas fixe. Cliquez ensuite sur le bouton **Upload Now**.

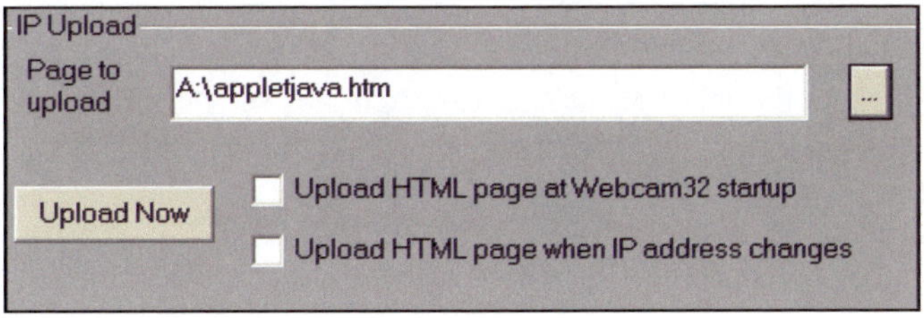

2 Placez, sur votre espace web, le fichier *appletjava.htm*, ouvrez votre navigateur à l'adresse www.votresite.com/appletjava.htm et observez le résultat ! Pour que cela fonctionne, il faut auparavant configurer Webcam32 pour le transfert FTP (décrit page 129). ■

S'afficher sur le net

Pour que votre Webcam ait un grand nombre de spectateurs, il faut passer par une étape essentielle : le référencement. En effet, sans référencement, pas de trafic sur vos pages ! Il existe plusieurs types de sites auprès desquels vous pouvez faire connaître vos pages et votre Webcam :

- Les moteurs de recherche classiques : ils proposent un nombre extrêmement important de liens. Ces moteurs sondent en permanence le Web pour proposer, lorsqu'on les interroge sur

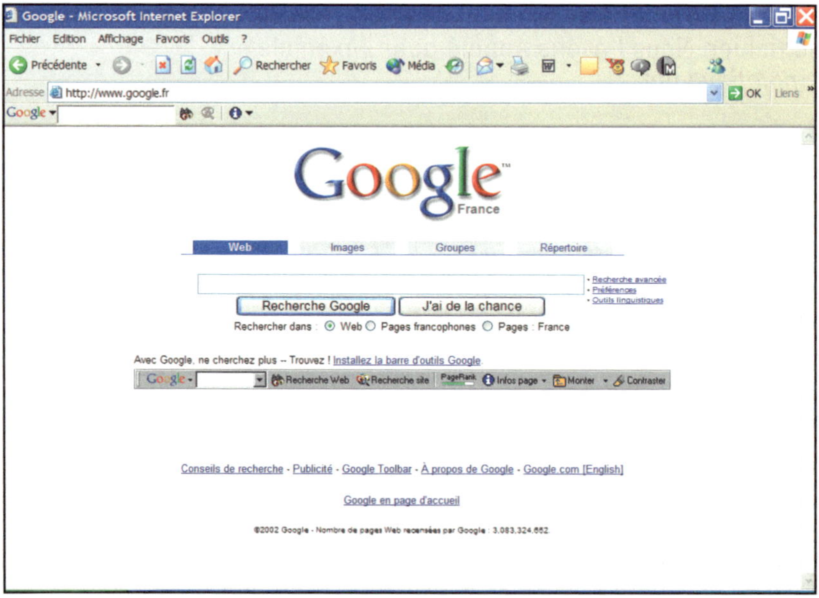

un mot-clé, une liste de sites en rapport. Actuellement, le plus connu est www.google.fr. Afin d'augmenter les chances d'avoir son adresse web répertoriée dans les moteurs, il faut leur soumettre le lien.

- Les annuaires classiques : pour avoir son site **référencé** dans un annuaire, il faut soumettre celui-ci aux Webmasters chargés d'intégrer les nouveaux sites. En effet, l'intégration n'est pas automatique. En outre, il faut choisir une catégorie. Le plus connu à l'heure actuelle est certainement l'annuaire de www.yahoo.fr.

Référencement

Référencer une page web consiste à faire connaître son existence aux annuaires et moteurs de recherche sur Internet afin qu'elle puisse être proposée aux internautes dans leurs listes de références.<IMG src="C6-33.tif" largeur="1024" hauteur="738" suite="0">

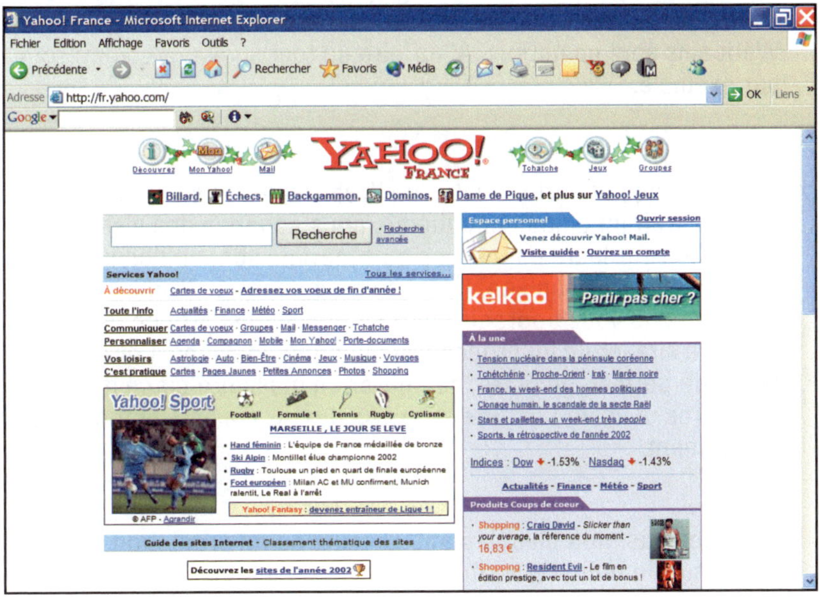

- Les annuaires spécialisés : il s'agit plutôt de listes de sites portant sur un même thème. Les annuaires dédiés uniquement aux Webcams sont nombreux. Allez faire un tour sur www.comfm.com par exemple.

- Les Webrings et partenariats : un Webring est une communauté de sites traitant d'un même thème, qui s'échange des visiteurs via un lien sur leurs pages. Les partenariats sont un bon moyen de faire connaître un site. Il s'agit de contacter le Webmaster d'un site que vous appréciez et dont le sujet est proche de celui de votre site, et de lui proposer un échange de liens. Cette méthode permet, en outre, de figurer en meilleure place dans les annuaires utilisant l'**indice de popularité** comme méthode de classement.

Ne négligez pas, non plus, les autres moyens de promotion : la publicité sur de nombreux sites est devenue accessible pour les particuliers. Bien souvent, pour le prix d'un appel téléphonique surtaxé, il est possible de placer une bannière sur un site. Parlez-en aussi autour de vous. Éventuellement, créez des petites affiches et placez-les dans une salle de pause ou dans un hall d'accueil...

Indice de popularité

L'indice de popularité représente le nombre de pages web ayant un lien qui pointe vers vos pages. Plus cet indice est élevé, plus votre site a de chances de figurer en bonne place dans les listes de réponses de certains moteurs de recherche.

Webcam :
comment ça marche ?

Une Webcam fonctionne comme n'importe quelle caméra vidéo. Elle possède un objectif et un capteur afin d'enregistrer les signaux visuels. Parfois elle est munie d'un microphone. Pour fonctionner, elle nécessite un micro-ordinateur ; c'est, en quelque sorte, le « cerveau » de la Webcam. Il interprète les signaux qu'elle lui envoie par le biais le plus souvent du port USB. Ces signaux prennent alors la forme d'une image ou d'une vidéo.

Le micro-ordinateur sert également à stocker les vidéos enregistrées et à fournir l'énergie à la Webcam pour fonctionner. Certaines Webcams sont dites « autonomes ». Elles sont alimentées par des batteries et stockent directement les images enregistrées.

Les caractéristiques d'une Webcam diffèrent de celles d'une caméra ou d'un caméscope classique. En effet, une Webcam est avant tout destinée à fournir des images pour le Web. Et qui dit « Web », dit « optimisation de la taille des fichiers échangés ». C'est pour cette raison que la taille des images est réduite au maximum. Lors de la création d'un film avec une Webcam, le débit des images est paramétrable. Toutes les Webcams actuelles peuvent avoir un débit très correct de 30 images/seconde. En diminuant ce débit, on obtient une taille de fichier vidéo réduite.

Pour comprendre le principe de fonctionnement d'une Webcam, nous allons placer une caméra de surveillance sur un parking. Cette dernière peut envoyer des images à intervalles réguliers ou une vidéo en direct via Internet. Les images sont accessibles grâce à un simple navigateur web.

La caméra filme donc le parking en continu. L'ordinateur interprète les signaux et envoie les images produites vers un serveur distant. Les internautes qui se connectent sur la page Internet observent ce qui se passe sur le parking.

Dans le cas de la diffusion en direct, le principe est légèrement différent : l'ordinateur qui interprète les signaux de la caméra sert de serveur.

Bien sûr, la plupart des pages présentant des caméras de surveillance sont protégées par un mot de passe (vous ne souhaitez pas que tout le monde voie ce qui se passe chez vous, dans la chambre de vos enfants ou dans votre jardin !).

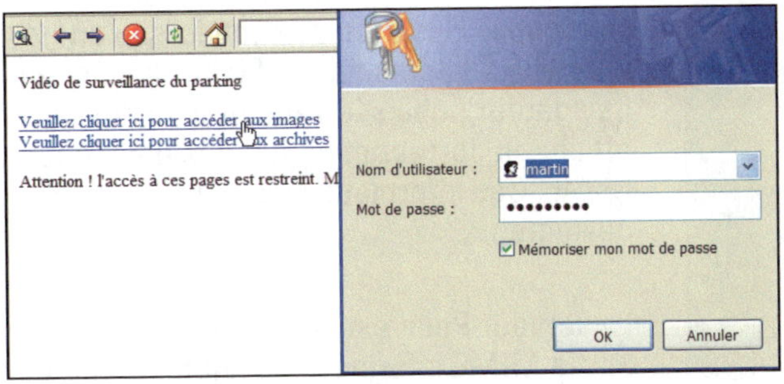

Il existe quelques sites accessibles présentant ce type de film. Si cela vous intéresse, faites une recherche rapide sur Internet. Par exemple, voici le site du réseau de surveillance des routes de l'Utah aux États-Unis.

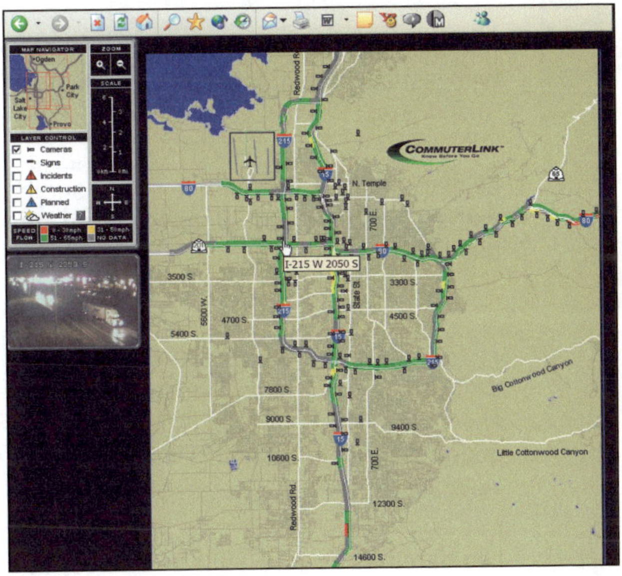

Serveur Push

Le logiciel Webcam32, qui permet de diffuser de la vidéo en streaming live sur le Web, utilise la technologie du serveur Push lancée par Netscape. Plus précisément, lorsqu'un navigateur arrive sur une page web et qu'il demande à afficher une image, cette dernière parvient au navigateur depuis le serveur avec les informations nécessaires à un affichage correct et contenues dans une partie du fichier appelée MIME. Ces informations sont universelles et reconnues par tous les navigateurs.

Le serveur Push est une extension de ces informations MIME. La partie MIME informe le navigateur web que le serveur va transmettre une série d'images. Un marqueur de fin permet au navigateur de savoir quand la série se termine.

Par exemple, une image requise par un navigateur, sur un serveur web, est affichée grâce à un code du type :

```
<img scr="http://www.mawebcam.com/image.jpg">
```

Le navigateur va chercher le fichier sur le serveur qui héberge www.mawebcam.com. Dans le cas du serveur Push de Webcam32, le code est :

```
<img scr="http://www.mawebcam.com:888/video/
push">
```

Webcam32 doit être en fonctionnement sur la machine www.mawebcam.com. Ici l'image n'est plus stockée sur le serveur ; quand la requête est faite, l'image provient directement de la Webcam.

Les paramètres de Webcam32 doivent être correctement configurés pour que le serveur Push fonctionne, notamment ceux du port TCP/IP. Quand un navigateur requiert une image par ce port TCP/IP, Webcam32 délivre sa série d'images en jouant le rôle d'un serveur. Pour configurer le serveur Push, procédez comme suit :

1 Lancez Webcam32 et, dans le menu **File**, cliquez sur **Preferences**.

2 Dans la liste des rubriques à gauche, cliquez sur le petit symbole **+** situé à côté de **TCP/IP**, puis sur **Features**. Dans la partie droite de la fenêtre, cochez toutes les cases de la liste.

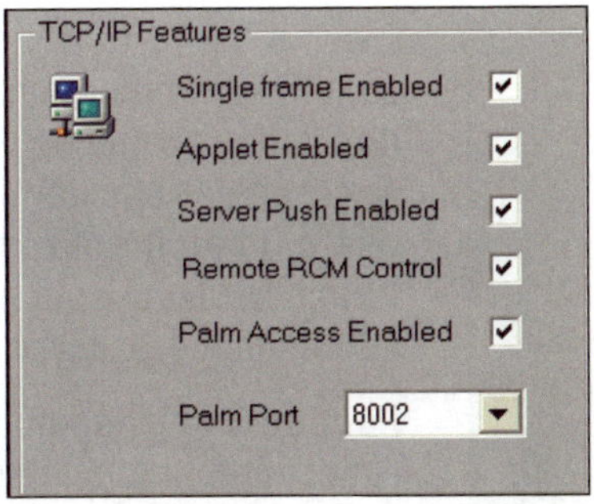

3 Cliquez sur **Access** dans les rubriques de gauche et vérifiez que l'accès indiqué est bien 8888 dans le champ *Remote access port*. Si vous utilisez un firewall, cochez la case *Behind Firewall*.

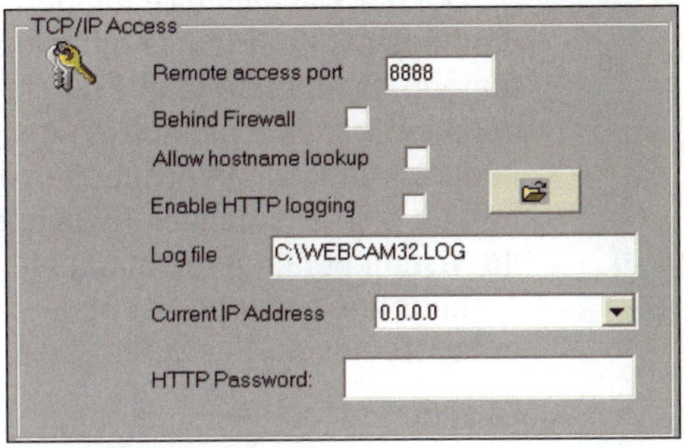

4 Pour paramétrer le serveur Push, cliquez sur la rubrique *Server Push*. Dans les trois champs présentés, indiquez la durée maximale admise pour chaque navigateur client, la taille maximale à envoyer à chaque client et l'intervalle de temps, en millisecondes, entre l'envoi de deux trames.

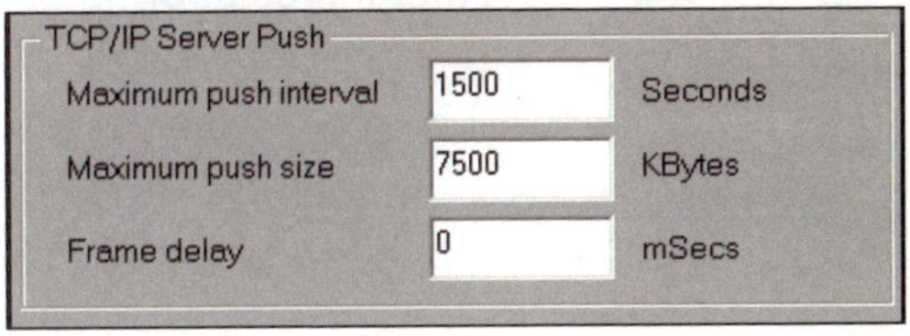

Créez une page contenant le code suivant :

```
<IMG SRC="http://votresite.com:8888/video/push">
```

Notez que cette technique ne fonctionne que pour le navigateur Netscape. Les utilisateurs d'Internet Explorer utiliseront un petit programme Java disponible sur le site de l'éditeur www.surveyor.com.

La mémoire tampon

La diffusion en continu d'une vidéo permet de visionner ou d'écouter des fichiers multimédias par Internet, sans avoir à télécharger entièrement ces derniers pour commencer la lecture. Les fichiers se chargent au fur et à mesure de leur diffusion. Une fois la lecture terminée, ils ne sont pas stockés sur votre disque dur. Pour réaliser de tels fichiers, il faut utiliser le codeur Windows Media.

Pour qu'une vidéo puisse être lue en continu, peu après que l'internaute a cliqué sur le lien du film, il faut que ce dernier soit codé. Le principe est simple : le fichier est partiellement téléchargé et stocké dans la mémoire tampon. Dès qu'une partie suffisante de données est chargée, la diffusion de la séquence mise en mémoire tampon commence tandis que la séquence suivante prend sa place dans cette même mémoire. Ainsi, la lecture semble fluide et sans à-coups. Si le trafic Internet interrompt le flux de données, le fichier est tout de même lu convenablement. Le lecteur contrôle les conditions du réseau et fait automatiquement les réglages nécessaires pour garantir une réception et une lecture optimales. Si la mémoire tampon présente des parties vides, il y a une coupure dans la lecture.

La zone *État* au bas de la fenêtre du lecteur vous avertit lors de la mise en mémoire tampon des informations.

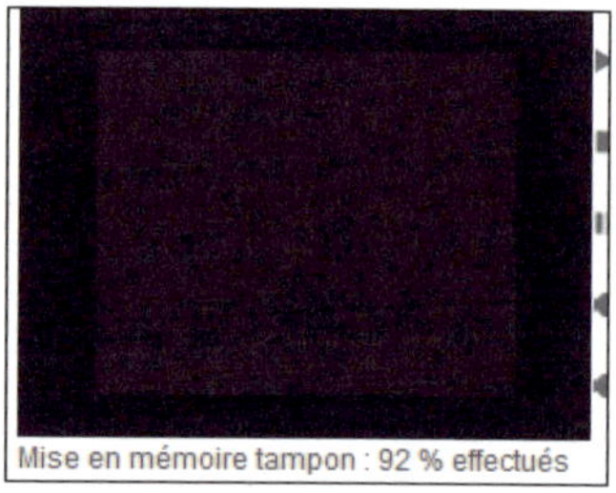

Lorsque vous lisez une vidéo en continu, vous pouvez visualiser les informations sur la qualité de la connexion et les performances de lecture. Pour cela, cliquez du bouton droit sur l'image de la vidéo et sélectionnez **Statistiques** dans le menu contextuel.

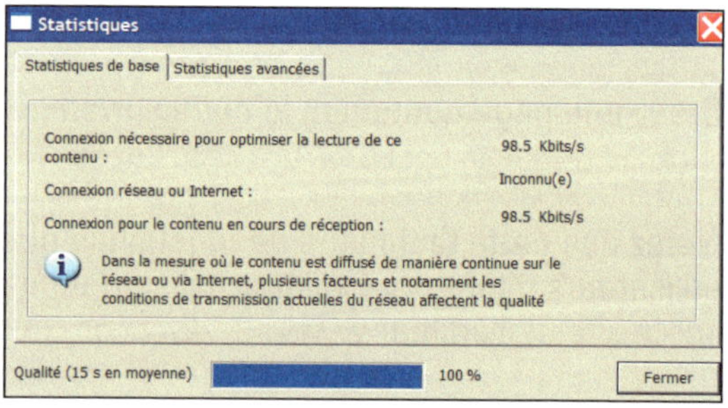

La diffusion en continu est parfois de mauvaise qualité. Le problème ne provient pas forcément du fichier vidéo, mais plutôt de la connexion Internet. Lorsque le trafic réseau interrompt le flux de données, le lecteur remplit les vides avec les informations de la mémoire tampon. Si le trafic est dense, il est possible que des interruptions dans le flux de données se produisent lorsque vous commencez la lecture parce que la mémoire tampon est vide et qu'aucune autre information n'a été envoyée.

Il est possible de modifier la durée des séquences mises en mémoire. Toutefois, il est fortement recommandé de laisser le lecteur ajuster lui-même automatiquement cette durée. Si des coupures interviennent durant la lecture, augmentez-la de quelques secondes.

1 Cliquez du bouton droit sur l'image de la vidéo, puis, dans le menu contextuel, choisissez **Options**. La boîte de dialogue d'options s'ouvre.

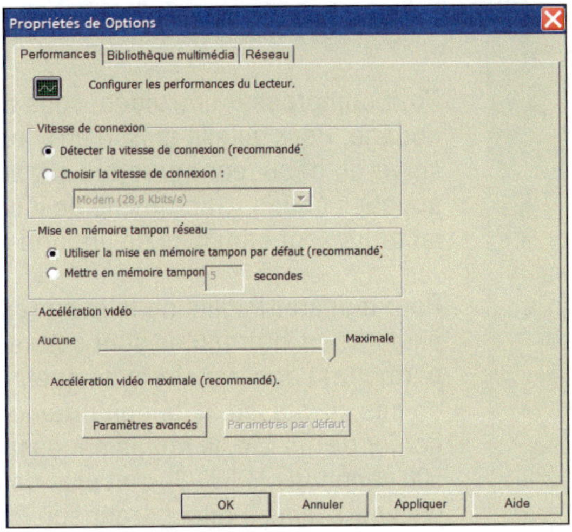

2 Sous l'onglet **Performances**, cochez la case *Mettre en mémoire tampon* et saisissez une durée en secondes (le maximum est 60 secondes). Validez en cliquant sur le bouton OK. ■

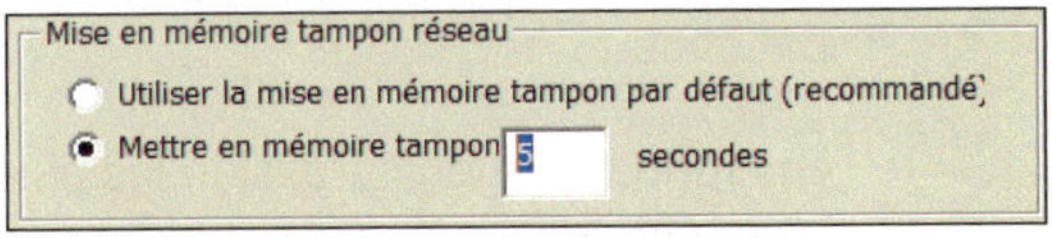

Compresser des films et des photographies

Les vidéos que vous produisez sont dans un format de fichier qui n'est pas compressé. En d'autres termes, vous pouvez les retravailler en les sauvegardant autant de fois que nécessaire, sans que cela ne porte sur la qualité des images. Pourtant, pour des raisons de ressources et de facilité de diffusion sur Internet, il est préférable de compresser les données pour qu'elles prennent moins de place sur les serveurs de votre hébergeur et qu'elles soient ainsi plus rapidement accessibles aux personnes connectées en bas débit.

Compresser des films

Pour compresser une vidéo, vous devez utiliser un algorithme de codage. Pour qu'elle puisse être lue par un utilisateur, il devra se servir du décodeur approprié sur son système. Le décodeur est aussi appelé « codec » (acronyme de « codeur-décodeur »). La plupart des lecteurs sont capables de lire une grande quantité de formats vidéos.

Pour mesurer l'utilité de la compression, gardez en mémoire que la plupart des internautes sont connectés via un modem téléphonique permettant des transferts de quelques kilo-octets par seconde. Dans ce cas, la vitesse de téléchargement avoisine les 3 Ko/s. Pour un fichier de 1,5 Mo, le temps nécessaire au téléchargement est de 500 secondes (1 500/3), soit plus de 8 minutes. Si vous proposez plusieurs films à télécharger sur votre site Internet ou si vous les envoyez par courrier électronique, vos amis devront s'armer de patience…

Les formats de compression les plus courants à l'heure actuelle sont *.mpeg* et *.avi*. Comme ils sont largement répandus dans le monde, cela facilite la tâche aux visiteurs de votre site Internet désirant visionner vos films. Si vous utilisez un logiciel de montage vidéo, ils ne permettent pas de récupérer les informations du montage, mais offrent un excellent compromis entre qualité et taille de fichier.

Il existe de nombreux logiciels de codage vidéo, qui facilitent grandement le travail, tel le codeur Windows Media.

Prenez garde toutefois à ne pas trop diminuer la qualité de vos vidéos en leur appliquant une compression trop importante. Certains fichiers deviennent quasiment illisibles.

Compresser des images

Les images capturées par les Webcams sont en général exportées par défaut au format *.jpg*. C'est en effet le format le plus adapté aux photographies sur le Web. L'algorithme de compression respecte bien les dégradés de couleurs et la taille du fichier compressé est très raisonnable.

Si vous travaillez sur vos images avant de les envoyer sur Internet, évitez de les sauvegarder à plusieurs reprises au format *.jpg*. En effet, à chaque nouvel enregistrement, elles subissent une perte de qualité. Cette perte prend la forme de petits carrés disgracieux sur l'image.

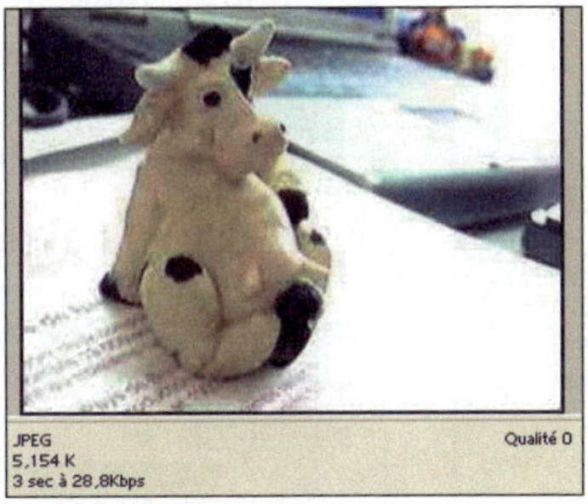

Dans les logiciels de retouche d'image, il existe deux autres formats d'enregistrement qui conviennent au Web : *.gif* et *.png*. Ce dernier ne produit pas de pertes apparentes sur l'image.

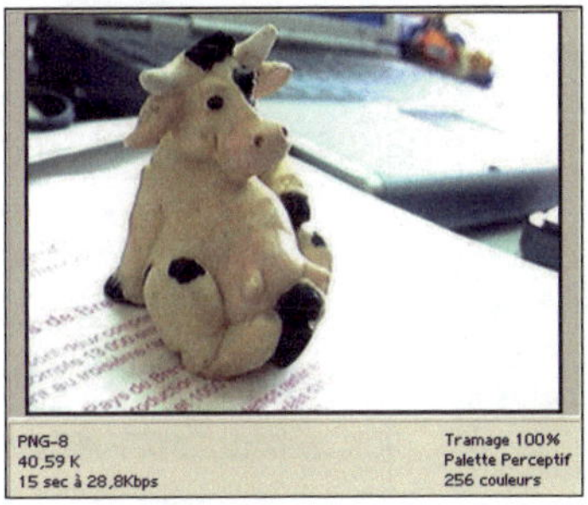

Le format *.gif* est en général réservé aux images graphiques ne contenant pas beaucoup de dégradés. Il convient pour certaines photographies, mais la perte de qualité se fait généralement sentir assez rapidement.

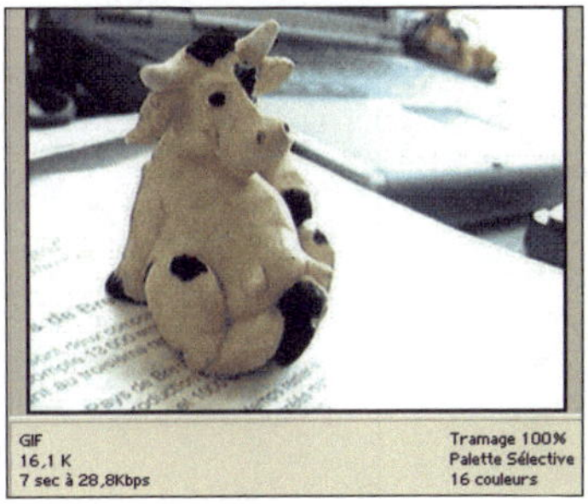

Promouvoir
un site de Webcam

Vous avez peut-être réalisé votre site web présentant vos vidéos et votre Webcam en live. Il faut maintenant le faire connaître. Pour cela, il existe plusieurs méthodes :

- Envoyez des courriers électroniques d'information à vos amis. Attention : n'envoyez pas de courriers à des personnes que vous ne connaissez pas. Un courrier non sollicité n'est pas toléré !
- Rendez-vous sur les sites des moteurs de recherche et annuaires sur lesquels vous avez l'habitude de naviguer. Ils présentent tous une page pour que vous puissiez y soumettre votre site et être ainsi listé dans les résultats lors des recherches.

Voici quelques adresses où soumettre votre adresse Internet :

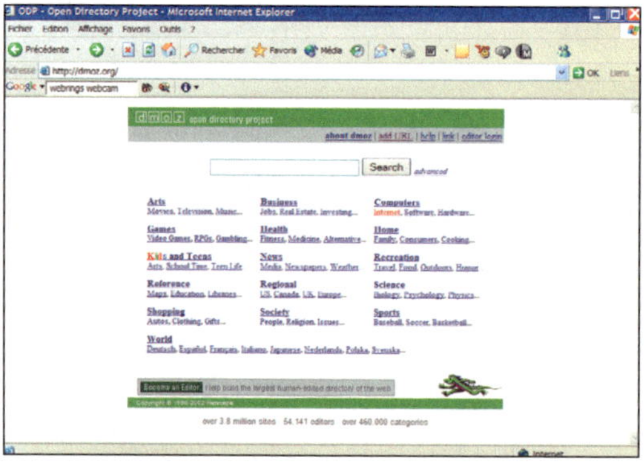

www.dmoz.org

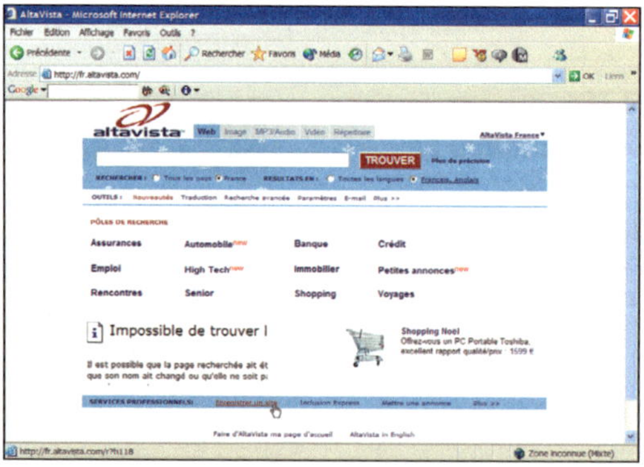

http://fr.altavista.com/

http://fr.yahoo.com/

■ « Webring » est le terme utilisé pour définir une communauté de sites liés entre eux. Un Webring est obligatoirement thématique. Les sites participant à cet anneau présentent des liens vers les autres sites de la communauté. C'est une manière efficace d'envoyer et de recevoir un trafic de visiteurs intéressés par le sujet de votre site. Pour entrer dans un Webring, vous devez en général soumettre votre adresse au créateur du Webring. Celui-ci peut refuser votre site pour quelques raisons que ce soit.

Les Webrings n'ont rien d'officiel et sont gérés par des particuliers la plupart du temps. Pour trouver des listes de Webrings, faites une recherche sur Internet. Par exemple, le site www.webring.org présente une section intéressante réservée aux Webcams. Vous trouverez un Webring dédié aux Webcams à l'adresse http://q.webring.com/hub?ring=bestwebcams.

■ Vous pouvez aussi acheter des espaces publicitaires. De nombreux sites personnels proposent d'acheter du trafic facilement. En effet, pour le prix d'un appel téléphonique surtaxé, vous pouvez placer un lien sur les sites en question. Cette solution est efficace si vous désirez obtenir beaucoup de trafic et faire connaître votre site rapidement auprès d'un grand nombre d'internautes.

Sites intéressants

Maintenant que vous connaissez votre Webcam, il est possible d'en découvrir d'autres utilisations et d'utiliser les services proposés sur Internet. Nous avons fait une liste de quelques sites originaux ou pratiques. Cette liste non exhaustive n'a pas d'autre ambition que de vous donner envie d'en savoir plus et de vous montrer qu'il existe de nombreuses applications pour une Webcam.

Diverses utilisations

- Gardez un œil sur le temps qui fait chez vous quand vous êtes en voyage ou sur l'état d'enneigement des pistes. Par exemple, www.webcam-montblanc.com/webcam/ pour garder la tête au frais et www.port.cci-brest.fr/webcam/cam6daily.htm pour voir s'il pleut à Brest.

- Rien ne vous empêche de laisser votre caméra en marche quand vous vous absentez. Ainsi, vous pouvez surveiller ce qui se passe. On trouve sur le Net plusieurs Webcams de ce type, présentant un salon où l'on voit passer le chien laissé là pour la journée par son maître, des aquariums ou même des animaux de compagnie bien plus originaux. Un exemple sur www.bouh-lapin.fr.st/.

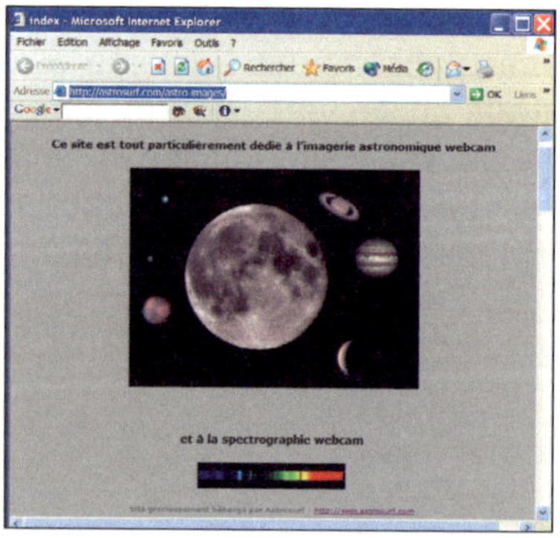

- Observez le ciel. De nombreux amateurs d'astronomie ont trouvé, avec les Webcams, un moyen très intéressant d'observer le ciel. Les images obtenues sont parfois impressionnantes ! Un exemple sur http://astrosurf.com/astro-images/.

Les techniques utilisées par ces astronomes sont spécifiques à l'utilisation. Si vous désirez vous initier, il faut bricoler votre caméra pour y fixer un objectif d'appareil photo reflex, puis vous familiariser avec quelques notions d'images astronomiques. Les sites consacrés à ce sujet sont légion. Il suffit de lancer une requête dans un moteur de recherche.

- Téléchargez les drivers, codecs, lecteurs et logiciels qui vous manquent sur www.telecharger.com ou sur la logithèque de zdnet.fr à l'adresse http://logitheque.zdnet.fr/logi/.

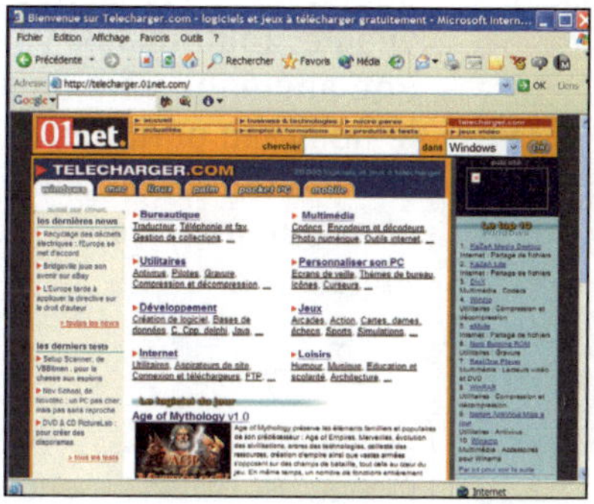

Services divers

- Hébergez vos photos sur votre espace Yahoo.fr, sur www.picbull.com, www.photomania.com ou stockez-les sur www.boomspeed.com.

- Connectez votre Webcam gratuitement chez www.camarades.com.

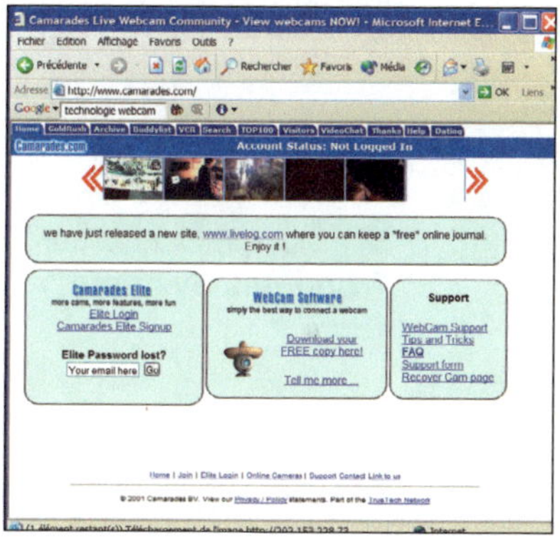

Vérifier
l'installation de la Webcam

Le CD-Rom d'installation facilite l'installation d'une Webcam. Les étapes sont automatisées. En général, il vous est demandé quelques renseignements basiques. L'opération est relativement simple. Toutefois, si vous changez de Webcam ou si vous utilisez une ancienne version de Windows, il est préférable de vérifier que le nouveau périphérique est bien reconnu par le système d'exploitation. En outre, il est plus prudent, en cas de souci ultérieur, de faire un état des lieux avant d'utiliser un nouvel appareil...

1 Sur le Bureau Windows, dans le menu **Démarrer**, cliquez sur **Paramètres/Panneau de configuration**. Une fenêtre s'ouvre, présentant la totalité des paramètres du système, classés par thème.

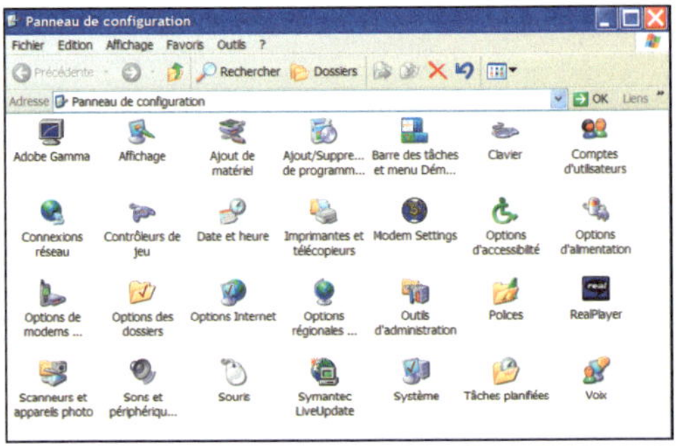

2 Double-cliquez sur l'icône *Système* pour ouvrir la fenêtre **Propriétés Système**.

3 Cliquez sur l'onglet **Matériel**. Dans la rubrique *Gestionnaire de périphériques*, cliquez sur le bouton **Gestionnaire de périphériques**.

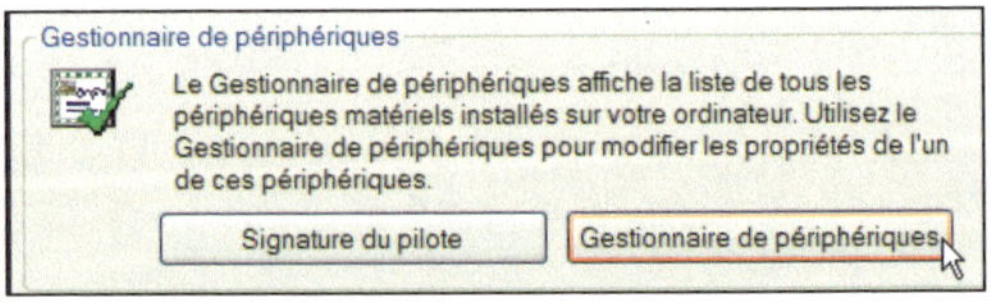

4 La fenêtre qui s'ouvre présente une liste de tous les périphériques installés sur l'ordinateur. Cliquez sur le symbole **+** situé devant la ligne *Contrôleurs de bus USB* pour dérouler la liste des ports USB et du matériel connecté à ces ports. Vérifiez que votre caméra est mentionnée.

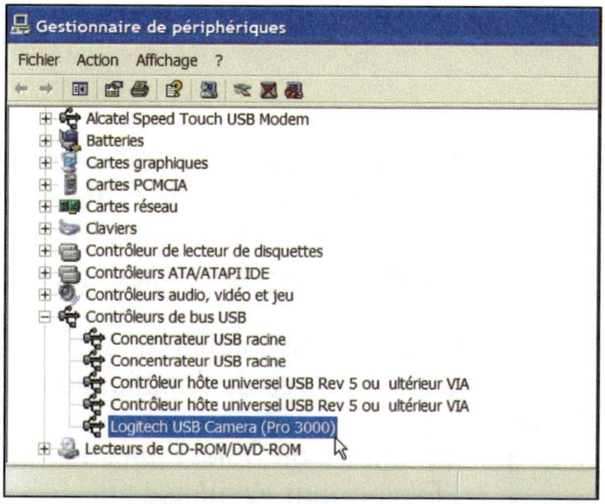

5 Double-cliquez sur le nom de votre caméra dans cette liste. Une nouvelle fenêtre s'ouvre. Dans la partie centrale, vérifiez l'état du périphérique. Si l'installation est correctement faite, une petite phrase vous le signale explicitement. Il est toutefois possible de désactiver la Webcam grâce à la liste déroulante *Utilisation du périphérique* située en bas de la fenêtre.

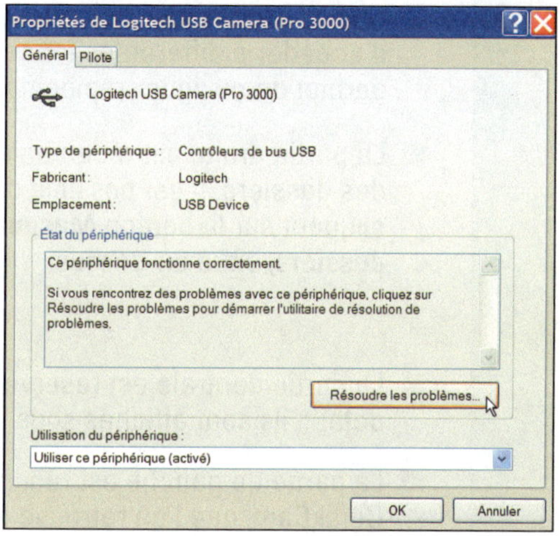

6 Si vous remarquez une anomalie, cliquez sur le bouton **Résoudre les problèmes** pour lancer un assistant qui vous aidera à trouver une solution en procédant pas à pas. ■

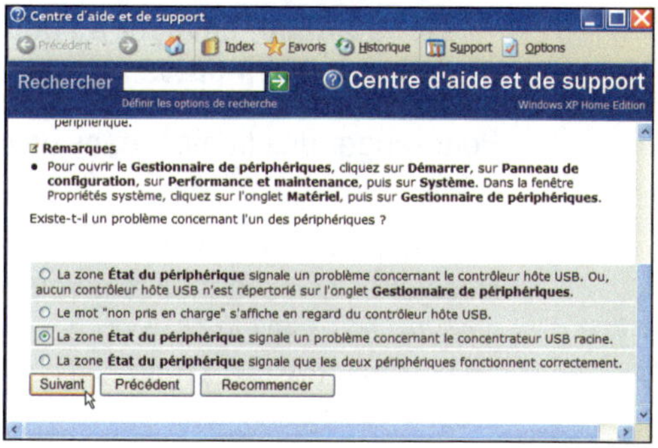

Gérer une galerie personnelle dans QuickCam

Savoir manipuler et classer le contenu d'une galerie dans QuickCam (logiciel de gestion de Webcam) est primordial. Dès lors que le nombre de fichiers créés (images ou vidéos) est important, il convient de les classer de manière à les retrouver facilement.

QuickCam possède une activité dédiée à cela. Cliquez sur **Galerie** lors du démarrage de l'application.

La fenêtre de QuickCam se présente un peu à la manière de l'Explorateur Windows :

- Une barre de menus située dans le haut de l'interface permet d'accéder à différentes fonctions de l'activité. Une liste déroulante permet de naviguer rapidement dans les dossiers.
- La partie droite est réservée à l'arborescence des dossiers. Il est possible de les masquer en cliquant sur le bouton **Masquer/Afficher les dossiers**, situé au-dessus.

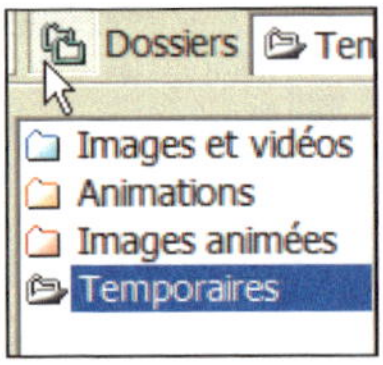

- La partie centrale est réservée à la présentation des fichiers. Par défaut, ils sont affichés sous forme de petites vignettes.
- La partie de gauche est réservée aux quatre fonctions de base de QuickCam, que l'on retrouve dans plusieurs activités : **Ouvrir le fichier sélectionné, Envoyer le fichier sélectionné par courrier électronique**, **Envoyer à l'imprimante**, **Définir comme papier peint du bureau Windows**.

Pour ranger des fichiers dans un nouveau dossier, procédez comme suit :

1 Pour créer un nouveau dossier, ouvrez le menu **Dossier** et sélectionnez **Nouveau**. Dans la fenêtre qui s'ouvre, saisissez le nom du nouveau dossier. Validez. Le nouveau dossier prend place parmi les autres dans la liste sur la gauche.

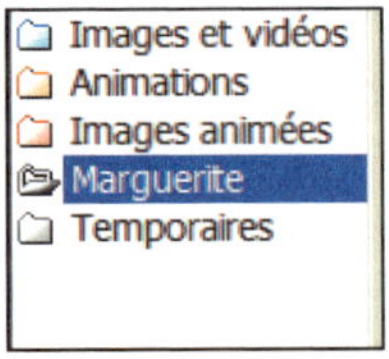

2 Pour l'instant, ce nouveau dossier est vide. Pour y insérer des fichiers, placez-vous sur son nom dans la liste et faites un clic droit. Sélectionnez **Importer**.

3 Dans la fenêtre qui s'ouvre, cliquez sur tous les fichiers à insérer dans le dossier. En cas de sélection multiple, maintenez enfoncée la touche Ctrl. Validez. Les fichiers sont maintenant importés dans la partie centrale. ■

Pour faire migrer des fichiers d'un dossier à l'autre, il existe une méthode simple :

1 Sélectionnez l'un de vos fichiers dans la partie principale en cliquant une fois dessus.

2 Cliquez ensuite sur la flèche noire située sur la droite de l'icône *Déplacer vers un dossier* sise en haut à gauche de l'interface. Dans le menu qui s'ouvre, choisissez dans quel dossier vous souhaitez placer le fichier sélectionné.

3 Autre solution : la méthode du glisser-déposer. Placez le pointeur sur le fichier à déplacer dans la partie centrale et, en maintenant le bouton gauche de la souris enfoncé, glissez jusqu'au dossier voulu dans la liste située à droite. Relâchez le bouton de la souris. Le tour est joué ! ■

Organisation
des collections et des clips

Dans Windows Movie Maker, la partie principale est réservée à la présentation des fichiers d'une collection. Leur organisation permet de retrouver et de réutiliser facilement ce que l'on cherche pour un projet. Vous pouvez, par exemple, regrouper vos clips par événement ou par date, pour créer des collections du type « Anniversaire Pierre » ou « Hiver 2002 ».

Dans la partie gauche figure la structure de dossiers stockant les clips et fichiers audio nécessaires à la réalisation des films. En cliquant sur l'un des dossiers, vous affichez les fichiers qu'il contient dans la partie principale.

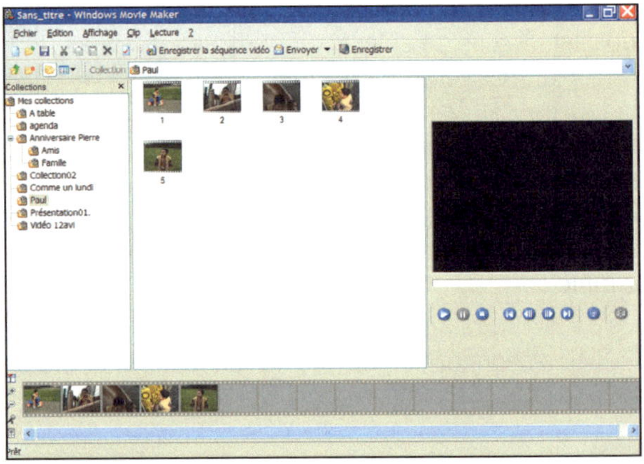

Il est possible de modifier le mode d'affichage des clips dans la zone principale. Par défaut, ils se présentent sous la forme de vignettes correspondant à la première image du clip. Pour modifier cela, cliquez sur le menu **Affichage** et choisissez l'une des trois possibilités : **Miniatures** (par défaut), **Liste** ou **Détails** (fournit une vue globale des propriétés de chaque fichier de la collection : titre, auteur, date…).

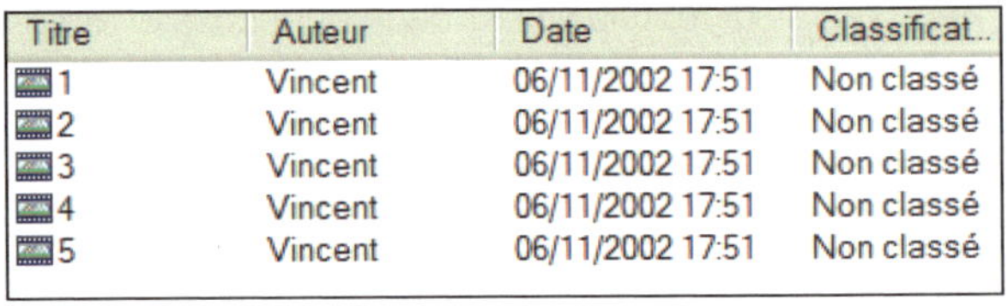

Titre	Auteur	Date	Classificat...
1	Vincent	06/11/2002 17:51	Non classé
2	Vincent	06/11/2002 17:51	Non classé
3	Vincent	06/11/2002 17:51	Non classé
4	Vincent	06/11/2002 17:51	Non classé
5	Vincent	06/11/2002 17:51	Non classé

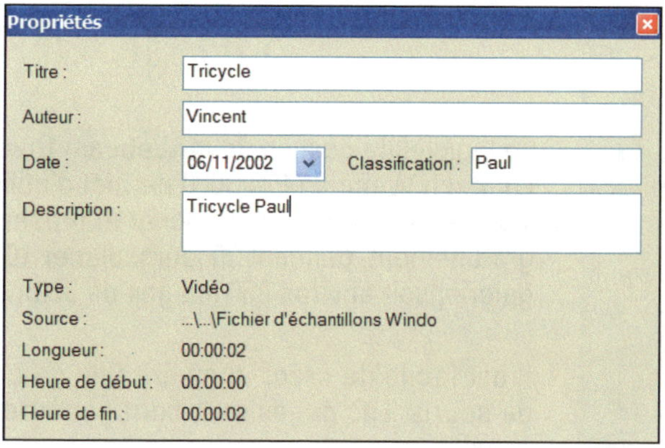

Les titres de clip sont affichés lors de la lecture du fichier dans le Windows Media Player. Pour modifier ces propriétés et optimiser votre classement, cliquez du bouton droit sur le fichier dont vous voulez modifier les propriétés et choisissez **Propriétés** dans la liste déroulante. Dans la fenêtre qui s'ouvre, saisissez de nouvelles informations sur le fichier.

Pour valider ces modifications, fermez la fenêtre.

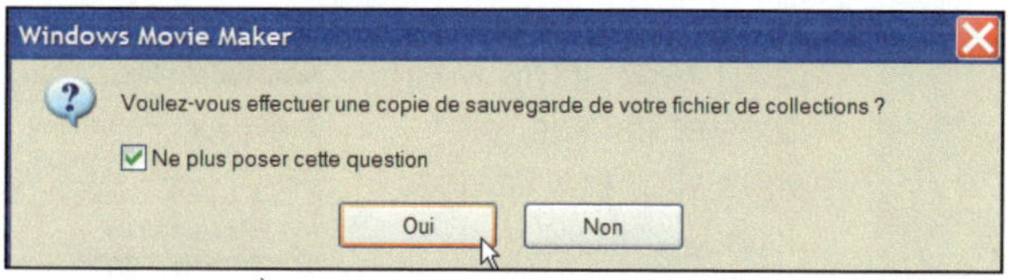

Lorsque vos collections sont bien rangées, renommées de manière explicite, vous pouvez les sauvegarder sous la forme d'un fichier de collection. Ce type de fichier possède une extension *.col*. Il s'agit d'une base de données qui répertorie toutes les caractéristiques liées à l'organisation des collections et aux fichiers qu'elles contiennent. Lorsque vous quittez Windows Movie Maker, une boîte de dialogue vous propose d'enregistrer les modifications que vous avez effectuées sur vos collections. Il est fortement recommandé de le faire pour retrouver vos dossiers tels qu'ils étaient lors de votre dernière utilisation.

Ce fichier de sauvegarde permet de récupérer toute la structure et le contenu des collections si vous effacez un dossier ou un clip par mégarde. Il est accessible sur votre disque dur à l'emplacement *\Documents and Settings\Nomutilisateur\Application Data\Microsoft\Movie Maker*. Si plusieurs utilisateurs sont déclarés sur votre système, un fichier de collection est créé pour chacun.

Prenez garde toutefois : si vous supprimez les fichiers source des clips, ils ne sont pas sauvegardés dans la collection !

Créer un album Web

Le logiciel de gestion de la Webcam QuickCam livré avec la Webcam Logitech Webcam Pro 3000 permet d'utiliser les services du site www.spotlite.com pour stocker et présenter des images. Vous pouvez gratuitement, pendant 30 jours, placer 10 Mo d'images dans votre galerie, soit environ 250 images de 320×240 pixels.

Il est facile de créer une véritable galerie web en quelques clics de souris. Les pages web sont générées automatiquement pour vous.

1 Sélectionnez l'activité **Album Web**.

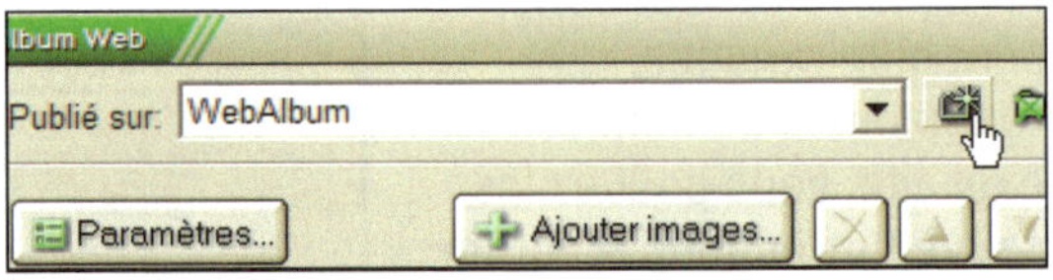

2 Créez un nouveau dossier dans lequel vous allez stocker les clichés traitant d'un même thème. Pour cela, cliquez sur le bouton de création de dossier situé au-dessus de la fenêtre de visualisation des fichiers.

3 Dans la fenêtre qui s'ouvre, saisissez le nom que vous souhaitez donner au dossier et validez.

4 La fenêtre suivante vous invite à sélectionner les images que vous souhaitez intégrer dans l'album. Cliquez sur les vignettes miniatures correspondantes. Pour opérer une sélection multiple, maintenez la touche Ctrl enfoncée. Les fichiers sélectionnés se distinguent des autres par le fait qu'ils sont plus clairs. Cliquez ensuite sur le bouton **Ajouter** pour que les images prennent place dans le dossier.

5 Si vous souhaitez insérer d'autres images que celles présentées dans le dossier par défaut, cliquez sur le bouton **Rechercher plus d'images**. ■

À présent, la partie gauche de la fenêtre principale présente la liste des images insérées. La partie droite donne un aperçu de la page web qui sera générée.

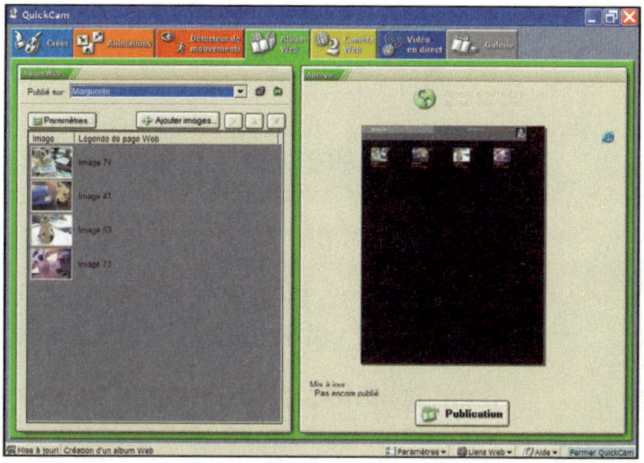

Pour naviguer d'un dossier à l'autre, déroulez la liste sise en haut de la partie gauche. Elle contient tous les dossiers que vous avez créés.

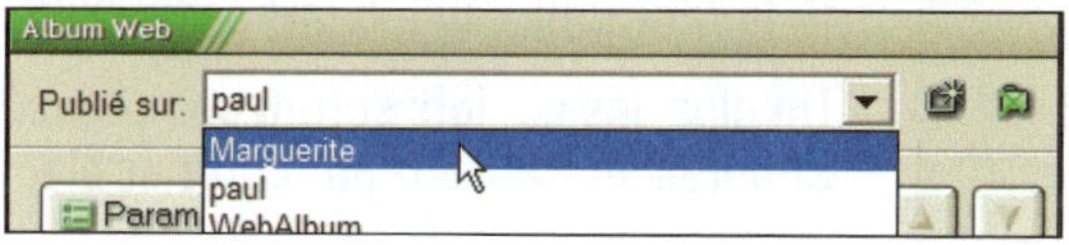

Pour supprimer l'un de ces dossiers, sélectionnez-le dans la liste et cliquez sur le bouton de suppression sur la droite.

Vos images n'ont pas été transférées sur le serveur web et ne sont donc pas accessibles aux internautes. Un petit message au bas de l'écran à droite vous le signale. Cliquez sur le bouton **Publication** situé en bas de l'écran. Une fenêtre s'ouvre, vous indiquant l'état d'avancement des transferts. Une fois le transfert terminé, rendez-vous tout de suite sur la page web de gestion de votre compte spotlife en cliquant sur le lien proposé. Entrez les renseignements nécessaires pour décrire votre album web.

Dans la fenêtre principale, vous pouvez accéder aux paramètres de présentation de la page web générée en cliquant sur le bouton **Paramètres**. Vous pouvez également ajouter des images dans l'un de vos dossiers, en cliquant sur le bouton **Ajouter image**.

Envoyez des fichiers vidéo et des fichiers film par courriel

Si vous désirez partager les vidéos et clichés réalisés avec votre Webcam, il existe de nombreuses manières de les envoyer très simplement par courrier électronique.

Vous pouvez, bien évidemment, envoyer le fichier film en pièce jointe en lançant votre logiciel de messagerie habituel.

Il est toutefois plus simple d'opérer à partir du logiciel de gestion de la Webcam. Il propose une galerie affichant toutes les vignettes des documents réalisés avec la caméra. Ainsi, en un clin d'œil, vous pouvez avoir un aperçu de votre collection et sélectionner facilement le fichier que vous désirez envoyer.

De plus, les fichiers seront compressés de manière à ce qu'ils soient adaptés au transfert par courrier électronique (fichiers moins volumineux).

1 Cliquez sur l'activité **Galerie** du logiciel de gestion de la Webcam.

2 Tous vos documents sont accessibles simplement grâce au navigateur.

3 En double-cliquant sur l'une des vignettes, vous ouvrez le petit lecteur qui permet de visionner le film ou la photo en taille réelle. Si vous cliquez sur le bouton **Envoyer cette photo (ou vidéo) par courrier électronique**, le fichier est automatiquement joint au courrier électronique. ■

Il existe plusieurs autres manières d'opérer, qui facilitent la vie. Sélectionnez au préalable la vignette correspondant au fichier que vous désirez envoyer en cliquant une fois dessus :

- Lorsqu'il existe une barre de menus, choisissez **Image/Courrier électronique** pour ouvrir l'assistant de courrier qui va vous guider pour envoyer votre fichier.

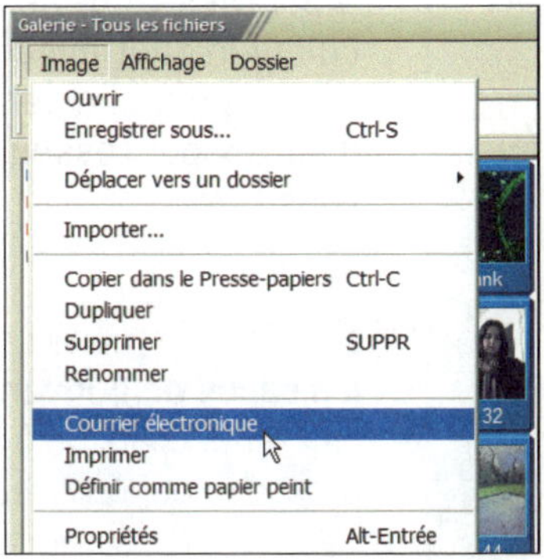

- Cliquez du bouton droit sur la vignette du fichier. Dans le menu contextuel, choisissez la commande **Courrier électronique** pour lancer votre application de courrier électronique habituelle.

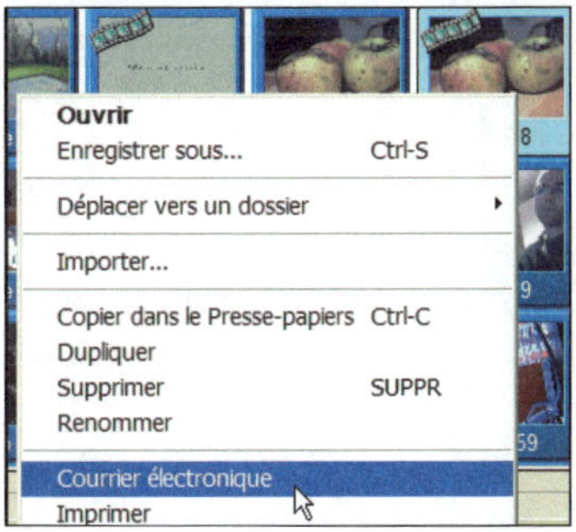

- Faites glisser la vignette du fichier à envoyer sur l'icône *Courrier électronique* située à droite de l'interface.

Saisissez ensuite les adresses des destinataires et un petit message. Pour finir, cliquez sur le bouton **Envoyer**.

Pour modifier les paramètres d'envoi de fichiers par défaut, sélectionnez l'activité **Galerie** et cliquez sur la petite flèche noire située en bas à droite du bouton **Joindre à un courrier électronique** symbolisé par une enveloppe. Dans la liste déroulante, sélectionnez le service ou le logiciel de messagerie que vous comptez utiliser pour envoyer vos fichiers.

Les salons
de discussion de MSN

MSN Messenger est non seulement une excellente application pour communiquer avec des amis en privé mais aussi un excellent point de départ pour s'initier aux salles de discussion. Vous pouvez rencontrer d'autres possesseurs de Webcams ayant les mêmes intérêts que vous !

1 Dans le menu de MSN Messenger, choisissez **Actions/Aller dans les salles de conversation**. La fenêtre qui s'ouvre permet d'accéder aux différents chats de MSN. Choisissez un salon parmi les thèmes généraux proposés ou, en dessous, dans la liste proposée.

2 Si c'est votre première utilisation du chat MSN, une fenêtre vous invite à télécharger l'application MSN Chat Control. Patientez quelques secondes. Une boîte de dialogue vous permet d'accepter ou de refuser l'installation, qui ne prend guère plus de 1 minute avec un modem classique (56K). Acceptez l'installation, sinon vous ne pourrez pas accéder aux salons de discussion.

3 Lorsque l'icône est affichée, cliquez dessus pour terminer l'opération d'installation. ■

Les salles de discussion de MSN sont très fréquentées et les thèmes sont nombreux. Des fonctionnalités permettent d'en savoir un peu plus sur les participants.

1 Si aucun des sujets de discussion présentés dans la liste ne vous intéresse ou si vous ne trouvez pas le thème que vous cherchez parmi ceux proposés, vous pouvez toujours créer votre propre salle de discussion en cliquant sur le lien adéquat situé sur la page d'accueil.

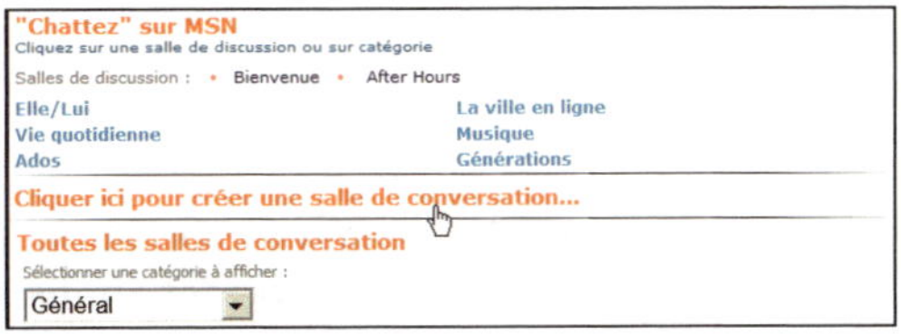

2 La page de configuration de la salle permet d'entrer les informations nécessaires pour créer la salle.

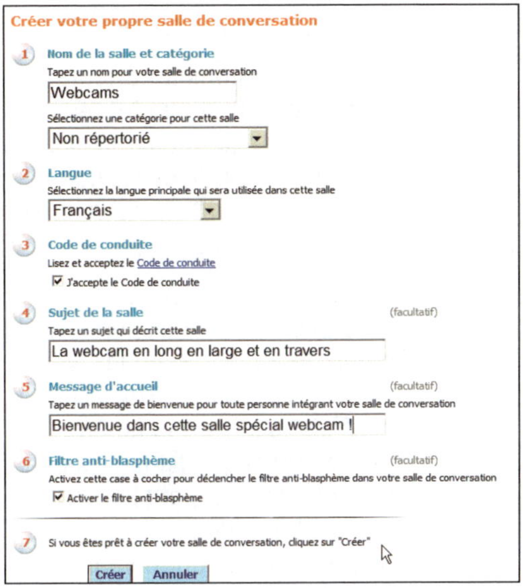

3 Le créateur de la salle est aussi l'animateur, avec la possibilité de modérer les participants. Les animateurs sont reconnaissables dans la liste car ils sont situés en tête, avec une petite icône de marteau placée à côté. ■

En double-cliquant sur un pseudo dans la liste présentée sur la droite, vous avez accès à une petite fenêtre vous permettant de dialoguer en privé avec la personne. Pour l'inviter à venir discuter en visioconférence, passez par l'interface initiale de MSN Messenger et ajoutez-la à vos contacts pour faciliter la tâche ! La procédure est décrite en détail page 85.

Le mode SuperWebcam de Yahoo! Messenger

Yahoo! Messenger est une application de messagerie instantanée très pratique. Elle permet de dialoguer avec des amis avec l'image de leur Webcam en direct. Depuis la version 5.5 de Yahoo! Messenger, il est possible d'activer l'option *SuperWebcam*. Cette option permet à vos interlocuteurs de mieux vous voir. La vidéo est plus nette, plus fluide et de plus grande taille.

Dans les versions antérieures, l'image de la Webcam n'était rafraîchie que toutes les secondes, avec une qualité d'image peu satisfaisante et une taille limitée à 160×120 pixels. Avec le mode SuperWebcam, le débit d'images peut atteindre 20 images/seconde ; l'image est de meilleure qualité et la taille de celle-ci est portée à 320×240 pixels.

Pour savoir si le mode SuperWebcam est disponible, lancez Yahoo! Messenger. Dans le menu, choisissez **Tools/Start my Webcam**. Dans la fenêtre qui s'ouvre et qui diffuse l'image de la caméra, un petit bouton **Start** doit être disponible. Cliquez dessus pour démarrer le mode SuperWebcam.

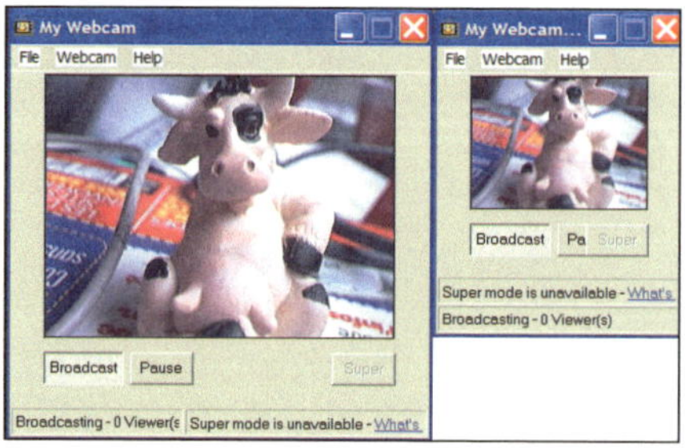

Vous pouvez également choisir **File/Preferences** et activer l'option *SuperWebcam* dans la liste sise à gauche dans la boîte de dialogue qui s'ouvre. Cochez les cases correspondant à votre type de connexion, ainsi que la case permettant de savoir quand le mode SuperWebcam est disponible pour un interlocuteur. Enfin, dans la dernière section, cochez *Large image* pour avoir une image plus grande.

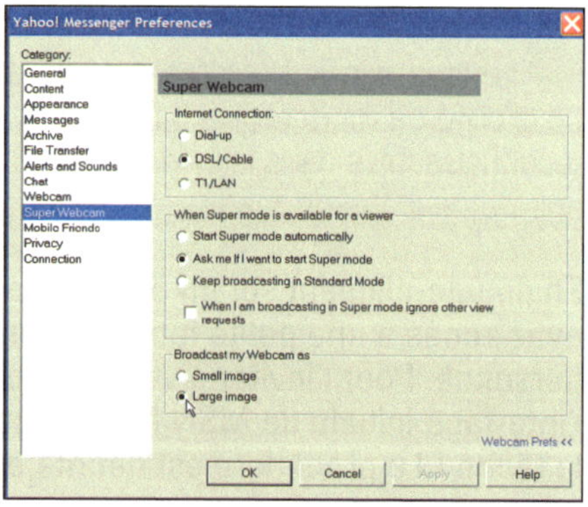

Il est possible que vous n'ayez pas accès au mode SuperWebcam. Voici les raisons les plus courantes :

- Les deux interlocuteurs doivent utiliser la version 5.5 de Yahoo! Messenger.
- Vous ne pouvez pas autoriser plus d'une personne à la fois à voir votre Webcam.
- Un pare-feu (firewall) sur l'un des deux ordinateurs des participants à la visioconférence peut provoquer des petits problèmes de connexion. Pour connaître votre situation, sélectionnez **Webcam/Statistics**.

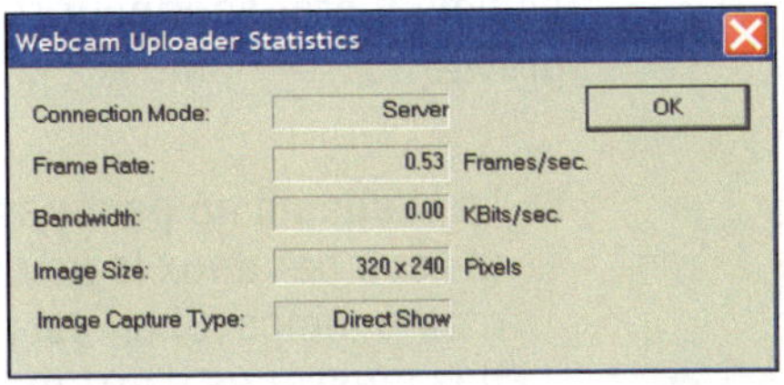

Il est toujours possible d'améliorer le rendu de l'image. En ce sens, choisissez **File/Preferences/Webcam**. Le curseur situé sur la droite permet d'augmenter le débit d'images (et donc d'avoir une vidéo plus fluide) lorsqu'on le pousse sur la gauche. Plus le débit est élevé, moins la qualité de l'image est élevée. En le déplaçant vers la droite, vous améliorez la qualité de l'image, mais au détriment de la vitesse de la vidéo. À vous de choisir le bon compromis !

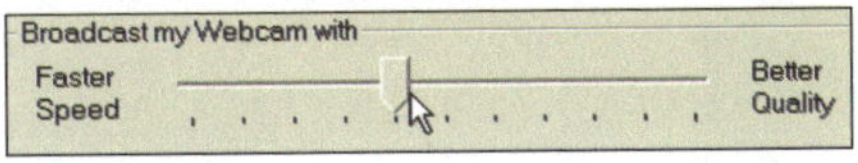

La caméra ne fonctionne pas !

Que vous utilisiez une application de messagerie instantanée telle que Yahoo! Messenger, un logiciel de transfert d'image comme Webcam32 ou le logiciel de gestion de votre Webcam, vous risquez de rencontrer des problèmes pour afficher ce qui est filmé. Voici comment procéder pour résoudre ces petits tracas bien souvent sans gravité…

- La Webcam ne peut pas être utilisée par deux logiciels en même temps. Si tel est le cas, des messages d'erreur s'affichent :

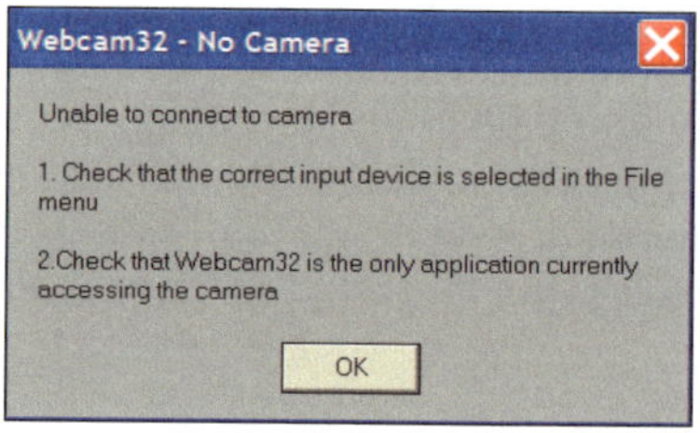

Pour résoudre le problème, quittez l'application dont vous n'avez pas besoin.

- Vérifiez que la Webcam est bien branchée et qu'il n'existe pas de faux contact dans les liaisons. En cas de problème, vous serez averti par des messages du type :

- Le port USB de votre ordinateur peut ne pas être activé ou ne pas fonctionner correctement. Assurez-vous d'abord que vous avez bien installé le driver de la Webcam (livré sur le CD-Rom accompagnant le matériel). Si vous avez perdu le précieux CD-Rom, rendez-vous sur le site de l'éditeur de la Webcam. Vous trouverez le driver en téléchargement. Pour savoir si le problème vient de votre Webcam ou non, changez de port USB (si votre ordinateur en présente plusieurs) ou branchez un autre appareil sur le port présumé défectueux. La solution dans ce cas consiste à se reporter à la notice de l'ordinateur. S'il est impossible d'activer le port, portez votre unité centrale chez un spécialiste…

- Certaines machines, lors d'une mise en veille (cas notamment des ordinateurs portables), désactivent le port USB. À la remise en route du système, la Webcam peut ne plus fonctionner normalement. Il suffit en général de la débrancher et de la rebrancher au port.

Problèmes d'affichage des images

Vous êtes déçu par la qualité des images que vous filmez avec votre caméra ? Bien souvent, il suffit de quelques réglages pour pallier le problème. Voici les cas courants.

L'image est floue

Dans ce cas, vous n'aurez probablement pas à intervenir dans le logiciel de gestion de la Webcam.

Vérifiez que la bague de mise au point de votre caméra est correctement réglée. Si nécessaire, réajustez-la. Vérifiez également qu'elle ne tourne pas toute seule trop facilement et qu'il n'y a pas de buée sur l'objectif.

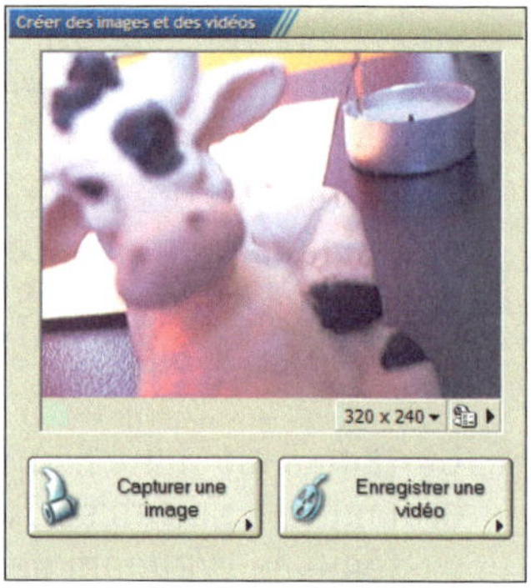

Si le flou persiste, il est possible que l'objet que vous filmez soit trop proche de l'objectif. Reculez légèrement la Webcam : l'image devrait être beaucoup plus nette.

Il n'est pas facile de faire la mise au point sur son propre visage avant d'entamer une visioconférence. En effet, lorsque vous tournez la bague de réglage sur la Webcam, vous n'êtes pas dans votre position habituelle. Il faut procéder petit à petit. Cela peut être fastidieux (d'autant plus qu'aucune indication de distance n'est inscrite sur la bague). Une petite astuce consiste à saisir la Webcam et à prendre la posture habituelle. Placez la Webcam au niveau de votre visage et dirigez-la vers l'emplacement où elle sera posée lors de la visioconférence. Faites la mise au point sur cet emplacement. Lorsque vous placerez la caméra pour filmer votre visage, la distance réglée sera alors la bonne.

L'image semble granuleuse

La granulosité de l'image filmée est souvent due à deux facteurs qui peuvent s'additionner et créer des images complètement illisibles, ou tout du moins, très désagréables à regarder.

- Le premier facteur est tout simplement lié au capteur de votre Webcam, dont la qualité ne vous satisfait plus. Ne jetez pas la caméra pour autant ! Il est probable que cette insatisfaction trouve son origine ailleurs.

- Dans le logiciel qui vous sert à capturer des images et des vidéos, cliquez sur le bouton permettant d'accéder aux paramètres de l'image.

Dans la liste déroulante *Taille de l'image*, diminuez les dimensions de celle-ci.

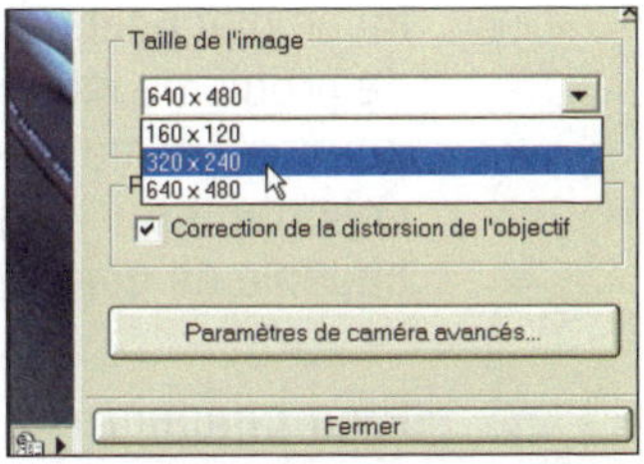

Plus vous diminuez la taille de l'image, meilleure est la qualité de celle-ci.

- Enfin, la luminosité de la scène peut jouer en faveur d'une granulosité importante. En effet, le capteur de votre caméra offre une qualité optimale pour des éclairages moyens. Il est très sensible et peut filmer dans une quasi-obscurité. Toutefois, dans des conditions extrêmes, la qualité de l'image n'est pas satisfaisante. En particulier, la granulosité est très apparente. La solution consiste à éclairer un peu plus la scène, quitte à jouer avec les paramètres de luminosité et de contraste de la caméra pour donner une ambiance un peu plus sombre.

Les enregistrements ne sont pas complets

Si vous filmez une scène et que la caméra n'enregistre pas toutes les images, votre film risque d'être « amputé » ou, tout du moins, d'apparaître par moment comme « haché » lors de son visionnage. Un enregistrement incomplet peut générer également un son de mauvaise qualité. Ce type de problème intervient en général avec du matériel qui date de quelques années. Même si une Webcam n'exige pas des ressources extrêmement importantes, il est préférable d'utiliser un processeur assez rapide, capable de gérer un grand nombre de sollicitations.

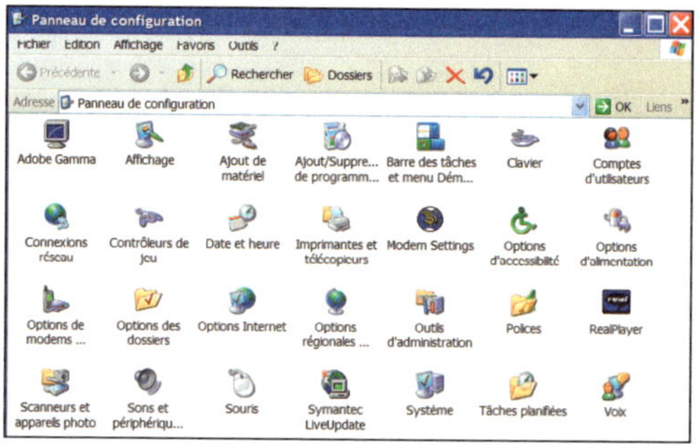

Pour connaître la vitesse de votre microprocesseur, reportez-vous à la notice de votre ordinateur, ou sélectionnez **Paramètres/Panneau de configuration** dans le menu **Démarrer** de Windows puis double-cliquez sur l'icône *Système*.

Dans la fenêtre qui s'ouvre, sous l'onglet **Général**, figurent les caractéristiques de votre ordinateur et notamment, la fréquence à laquelle peut fonctionner le processeur.

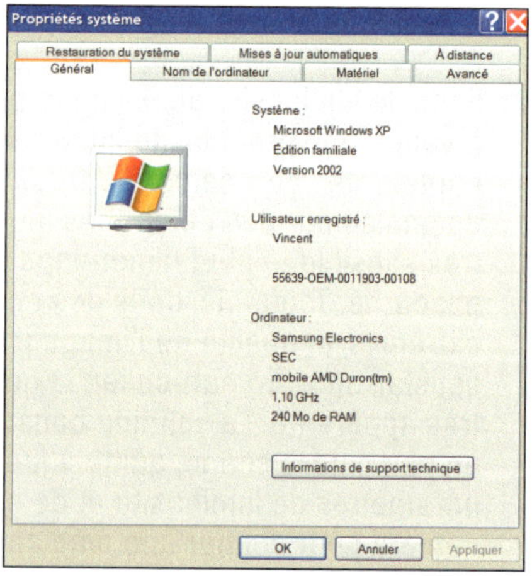

Imaginons que vous désirez filmer une scène dans les conditions maximales qu'offrent aujourd'hui la plupart des Webcams, à savoir :

- une taille d'image de 640×480 pixels, soit une image composée de 307 200 pixels ;
- une fréquence de 30 images/seconde ;
- une profondeur de couleur de 24 bits, soit 16 millions de couleurs.

Cela fait un total de plus de 221 millions de bits (307 200×30×24). Pour convertir le résultat en octets, il suffit de diviser par 8. On obtient un total de plus de 27,6 mégaoctets de données vidéo à traiter en 1 seconde ! Cela représente plus du quart de la capacité de calcul d'un processeur à 1 GHz.

Quand on sait que le système gère également la source sonore, les transferts et les autres applications actives dans le même temps sur la machine, on comprend qu'elle soit un peu débordée ! Pour lui donner la possibilité de faire face à un tel effort, il existe des solutions très simples :

- Diminuez l'un des trois paramètres cités précédemment. Commencez, si possible, par diminuer la taille des images car c'est le facteur le plus important du calcul.
- Quittez toutes les applications en cours pour réserver toute la capacité de calcul à la prise de vue.
- Enfin, la solution la plus radicale : changez de processeur !

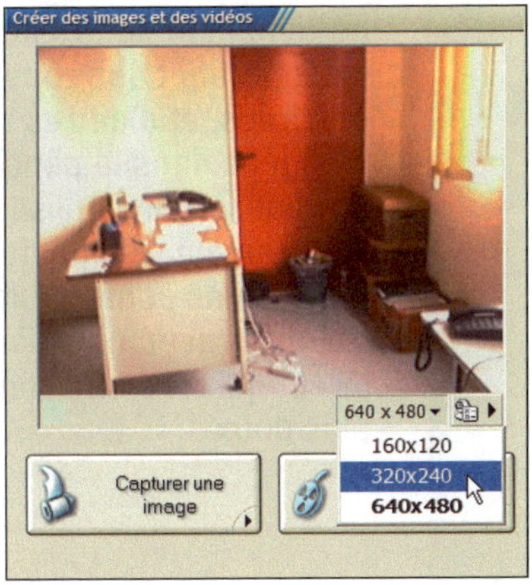

Créer et améliorer
le contenu vidéo

La qualité d'une vidéo, acquise via une Webcam ou un autre appareil, est principalement dépendante des conditions de prise de vue, et ne peut être supérieure à ce qui a été enregistré, quel que soit le format d'image choisi. Pour cette raison, il convient de faire attention à certains éléments dès la prise de vue.

L'éclairage

La lumière doit être douce de préférence. Une lumière diffuse avec des niveaux de luminosité constants sur toute la surface du sujet donne de meilleurs résultats qu'un éclairage trop dur. En effet, un éclairage direct augmente nettement le contraste de la vidéo, créant des zones très éclairées, et d'autres plongées dans la pénombre. De plus, si vous utilisez votre Webcam en visioconférence, il est moins confortable de travailler avec un éclairage direct qu'avec un éclairage plus doux.

La lumière idéale est la lumière du jour. Placez votre station de travail à proximité d'une fenêtre. Évitez de filmer en contre-jour avec une source lumineuse ou une fenêtre en arrière-plan. Cela aurait pour effet d'assombrir ce qui se passe au premier plan.

L'arrière-plan

L'arrière-plan est important lorsqu'on enregistre un film destiné à être diffusé via Internet. En effet, moins cette zone présente de mouvements et de détails, moins la quantité de données modifiées d'une trame à l'autre est importante. Les vidéastes ont quelques astuces pour rendre flou l'arrière-plan. Ces techniques sont liées au matériel et ne sont pas accessibles aux Webcams. Tout ce que vous pouvez faire est de travailler avec une luminosité plus faible en arrière-plan ou de déplacer le sujet à filmer plus près de la caméra…

Les couleurs

Les couleurs sont importantes lors de la réalisation d'un film, et même lors d'une visioconférence. Veillez à ce que la couleur des vêtements s'accorde avec la teinte de la peau des sujets et qu'elle soit suffisamment différente de l'arrière-plan et des objets des autres plans. Les couleurs trop vives produisent généralement un effet visuel peu agréable : elles forment des tâches ou s'étalent parfois sur l'image. De même, les vêtements à rayures sont à éviter car ils produisent un effet de moiré peu avantageux pour le sujet qui les porte.

Résoudre un problème audio

Il arrive qu'un enregistrement effectué soit complètement dénué de son ou que le son soit de très mauvaise qualité. Aussi, avant de commencer à filmer une scène qui doit contenir une bande sonore, faites un essai rapide de son pour vous assurer du résultat final.

Dans le cas d'une Webcam disposant d'un microphone intégré, prenez garde à la position de celle-ci par rapport aux enceintes de votre installation. Ce paramètre peut intervenir fortement sur la qualité du son. Le problème peut aussi venir de la sensibilité du microphone (voir plus loin).

Problème en lecture

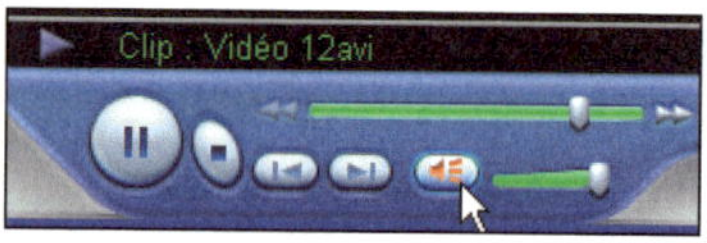

- Si, lors de vos essais, le film ne présente pas de bande sonore, assurez-vous que le son du lecteur est bien activé. Par exemple, dans le Windows Media Player, réglez-le dans la barre de volume situé dans la console de commande sise en bas à gauche. Vérifiez que le bouton **Muet** est bien décoché.

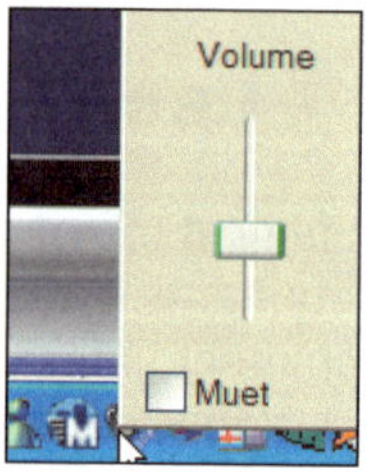

- Parfois, le son de l'ordinateur tout entier est désactivé. Dans ce cas, rendez-vous dans la barre des raccourcis placée en bas à droite du Bureau Windows. Cliquez sur l'icône de volume pour faire apparaître le curseur de son. Décochez la case *Muet* et augmentez le son raisonnablement.

- Certaines machines (surtout les ordinateurs portables) disposent également d'une molette de volume. Vérifiez que celle-ci ne se soit pas réglée involontairement au minimum.

Problème à l'enregistrement

Le problème peut trouver sa source au moment de l'enregistrement.

- Vérifiez que vos haut-parleurs sont bien connectés et que leur molette de volume (s'il en existe une) n'est pas réglée au minimum.
- Si vous utilisez un microphone indépendant, vérifiez s'il est bien branché et qu'il est actif.
- Vérifiez enfin la sensibilité et la bonne déclaration du microphone auprès du logiciel d'acquisition des données et de votre système. Pour cela, dans le logiciel de gestion de la Webcam, cliquez sur la petite flèche noire située en bas à droite du bouton **Enregistrer une vidéo**. Cochez la case *Inclure l'audio* et, pour accéder aux paramètres de réglage du microphone, cliquez sur le bouton situé à sa droite.

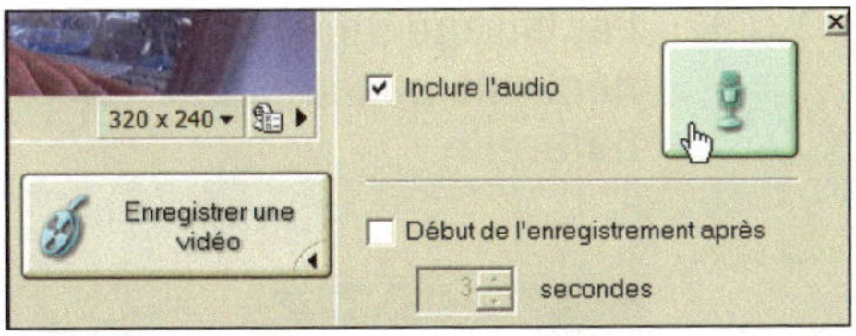

Ensuite, veillez à bien déclarer le microphone que vous utilisez.

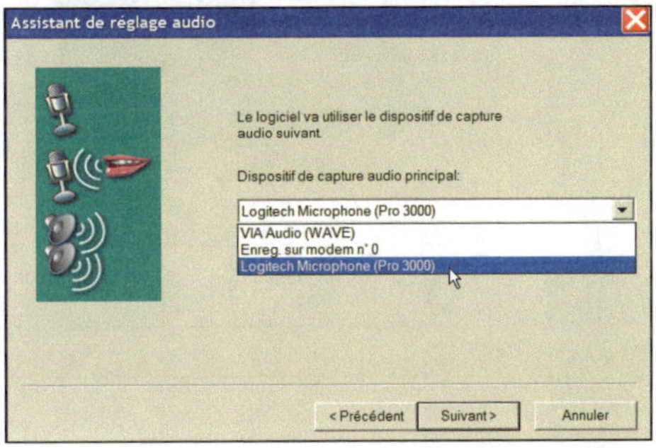

Pour vérifier que le microphone est bien reconnu par le système, choisissez **Panneau de configuration** dans le menu **Démarrer** de Windows, puis cliquez sur **Sons et périphériques audio**. Là, vous avez accès à toutes les données relatives au micro et aux haut-parleurs.

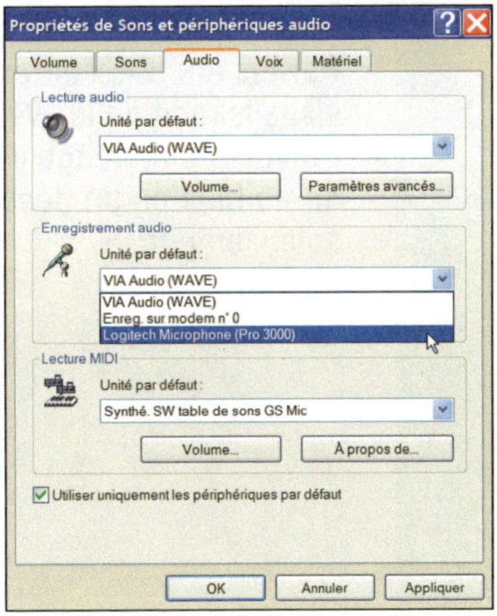

L'image n'a pas la bonne apparence

Si, pour différentes raisons, l'image n'a pas l'apparence voulue, il s'agit souvent d'un problème colorimétrique dû à la nature de l'éclairage de la scène. En effet, une scène éclairée par un néon n'a pas la même teinte qu'une scène tournée en lumière naturelle.

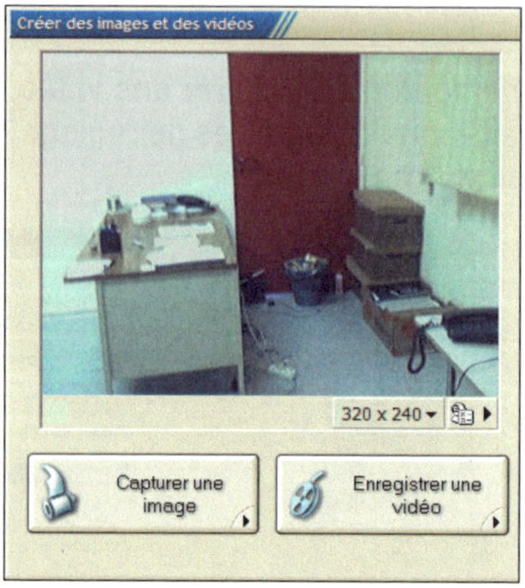

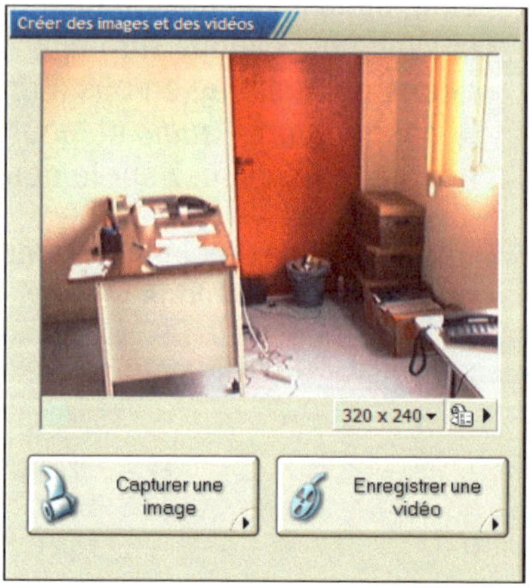

Parfois encore, l'écran de visualisation de la Webcam peut renvoyer une image inversée, un écran bleu ou un désagréable scintillement.

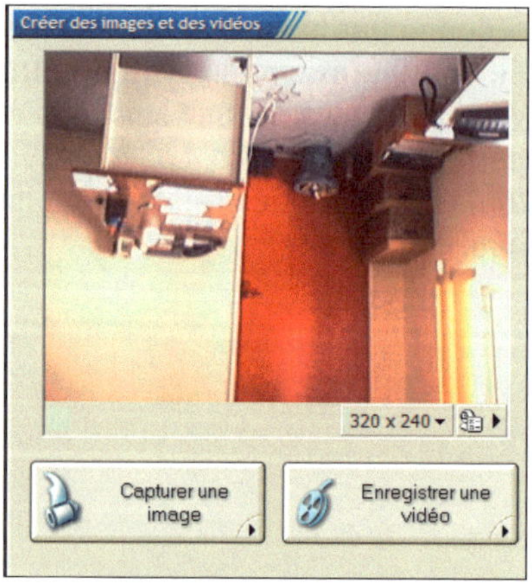

Sous la fenêtre de visualisation de l'image de la Webcam, cliquez sur le bouton permettant d'accéder aux paramètres de l'image. Vérifiez que la case *Correction de la distorsion de l'objectif* est bien cochée et cliquez sur le bouton **Paramètres de caméra avancés**.

Dans la fenêtre qui s'ouvre, les options de *Modes d'image* présentées sur la droite permettent d'activer et de désactiver certaines fonctions telles que la vision en noir et blanc ou l'inversion de l'image (sur le plan horizontal ou vertical). Faites un petit check-up de ces propriétés.

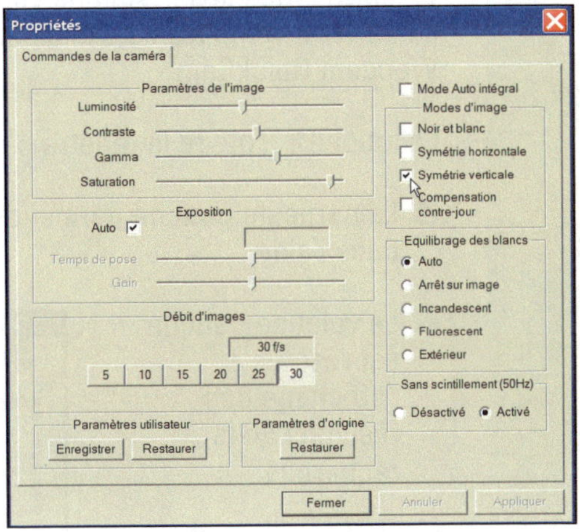

Pour corriger les teintes globales désagréables de l'image, cliquez sur l'une des cases de la section *Équilibrage des blancs*. Pour voir le résultat, patientez une petite seconde jusqu'à ce que le réglage soit répercuté sur l'image. Par exemple, pour corriger la couleur légèrement froide d'un éclairage néon, cochez la case *Fluorescent* ou *Extérieur*. À l'inverse, pour refroidir l'image, cochez la case *Incandescent*.

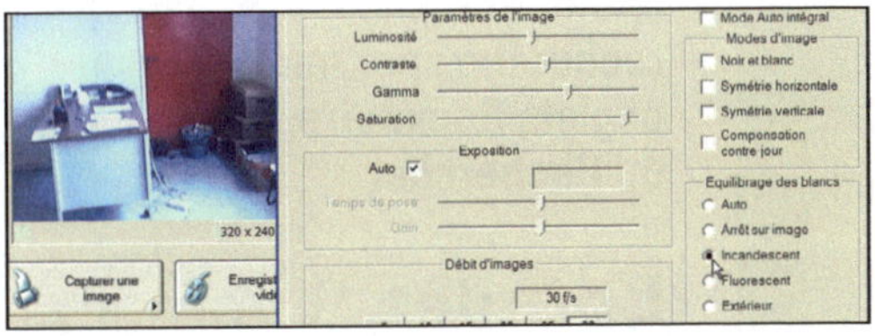

Le scintillement de la Webcam est dû à sa fréquence. Pour corriger, cochez la case *Activé* de la partie *Sans scintillement*.

Un écran totalement uni peut être dû au cache de l'objectif qui est retombé ! Plus généralement, il s'agit d'une mauvaise installation ou d'un défaut dans le branchement de la Webcam. Dans ce cas, vérifiez et, si besoin, recommencez. Pour en être certain, suivez la procédure décrite à la page **162**.

L'aide

Il est possible que vous vous heurtiez à des difficultés lors de l'utilisation de l'un des logiciels décrits dans cet ouvrage. Une aide est disponible pour chacun d'entre eux. Elle est accessible via la touche F1 du clavier. Afin de vous familiariser avec ce type d'interface, nous allons examiner l'aide du logiciel de gestion de Webcam QuickCam.

La touche F1 ouvre la fenêtre d'aide, qui présente deux parties :

- La partie de gauche permet de naviguer de différentes manières dans l'aide.
- Le volet de gauche est réservé à l'affichage des résultats de la recherche.

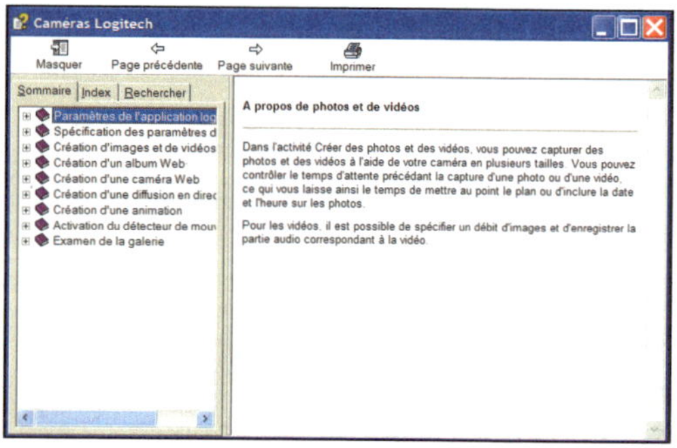

Il existe trois manières d'effectuer une recherche : par les onglets **Sommaire**, **Index** ou **Rechercher**.

L'onglet Sommaire

La recherche via le sommaire est classique. Elle permet de naviguer, comme dans un livre, parmi les différents chapitres et sous-chapitres thématiques.

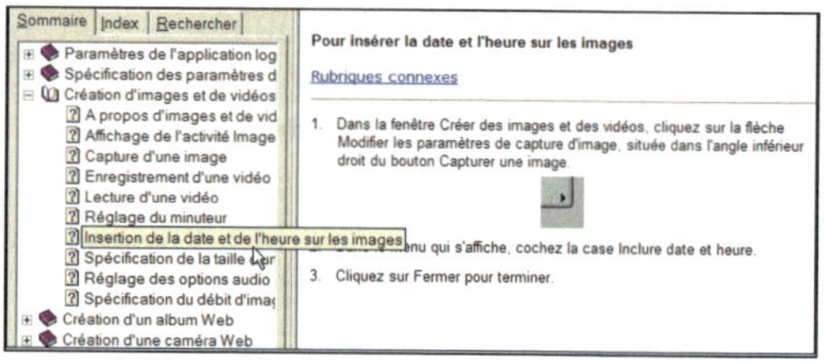

Cliquez sur le petit signe **+** situé à côté des intitulés pour dérouler les sous-catégories. En cliquant sur ces dernières, vous affichez l'article correspondant dans le volet de droite.

L'onglet Index

L'index fonctionne comme dans un livre. Des mots-clés sont présentés dans la partie gauche, par ordre alphabétique. En cliquant sur l'un des mots, vous accédez à l'article correspondant. Au lieu de rechercher un mot en utilisant la barre de défilement, saisissez-le dans le champ de formulaire situé au-dessus de la liste. Vous atteignez alors le mot-clé désiré automatiquement.

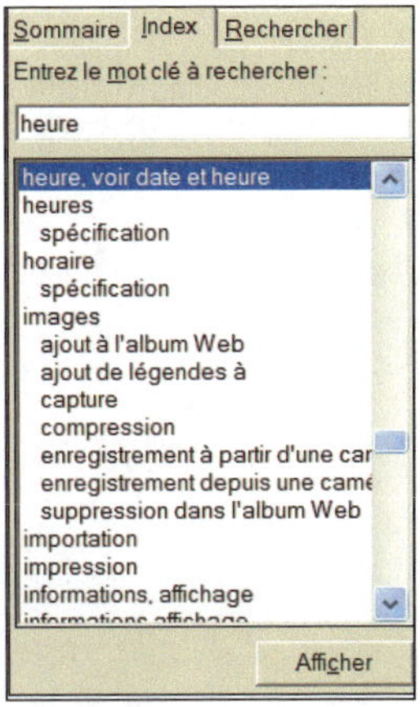

Pour afficher l'article de l'aide en relation avec le mot, cliquez une fois sur ce dernier puis sur le bouton **Afficher** situé en bas de la liste.

S'il existe des sous-entrées, une nouvelle fenêtre s'ouvre pour vous les présenter. Double-cliquez sur l'une d'entre elles pour obtenir l'aide attendue.

L'onglet Rechercher

La recherche est certainement la méthode la plus rapide. Après avoir cliqué sur l'onglet **Rechercher**, saisissez un mot. Choisissez un terme explicite, qui représente bien le problème qui se pose. Vous pouvez entrer plusieurs mots. Cliquez sur le bouton **Liste des rubriques** situé sous le champ de recherche.

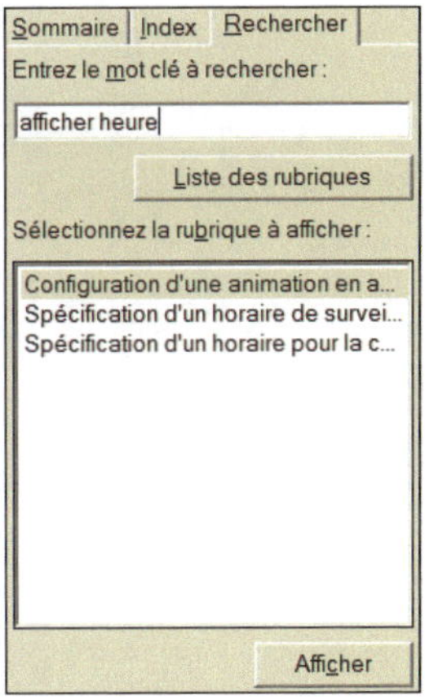

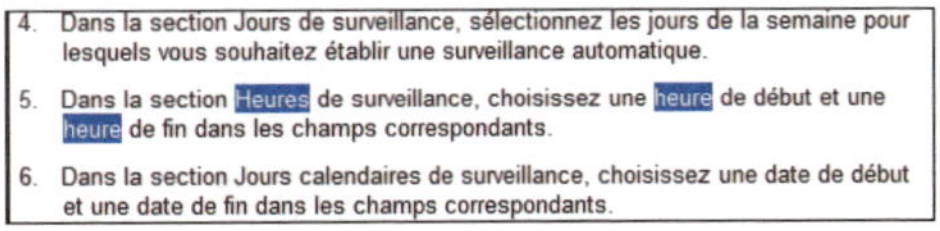

Cliquez sur l'une des rubriques proposées. L'onglet **Rechercher** diffère de l'index par le fait que la recherche ne s'effectue pas dans une liste de mots-clés, mais directement dans les articles d'aide. Les mots recherchés sont surlignés en bleu dans ces derniers.

Index

A

Adresse IP 143
Ajouter du texte 39
Album web 168
Animation 97
  En accéléré 104
  Image par image 98
Annuaires de Webcam 148
Archiver des images 132

B-C

Bande sonore 61
Caméra web 120
Capteur
  CCD 20
  CMOS 20
Chat 91
Clip 52
Codec 44
Codeur Windows Media 77
Commenter un film 63
Compensation de contre-jour 32
Compresser 44
  des films 73, 156
  des images 157
Contraste 28
Courrier électronique 66

D

Débit d'images 30
Détecteur de mouvement 111
  Autosurveillance 115
  Avertissement sonore 114
  Mot de passe 116
  Sensibilité 116
Diffusion
  en continu 76
  en direct sur Internet 14

E

Effets spéciaux 58
Encoder un film 76
Équilibrage des blancs 32
Ergonomie 15
Exporter un film 64
Exposition 29
Extraire un film zippé 75

F

Faire pivoter l'image 39
Filmer 23, 42
Formats
  Avi 45
  de film 44
  DivX 45
  Mp3 45
  Mpeg 45
FTP upload 118, 129
Fusionner deux clips 53

G-H-I

Gain 29
Galerie 164
Gamma 28
Héberger une Webcam 120
Iframe 137
IP 143

J-L

Java 137
Juxtaposer les clips 55
Ligne de temps 47
Lumière 21
Luminosité 27

M-N

Mémoire tampon 154
Microphone 17
Montage....................................11, 46
MSN Messenger 84
NetMeeting.......................................83
Noir et Blanc 31

P-Q

Photographier 23, 33
Pièce jointe.......................................67
Pixel..16
Placer un film sur un site Internet..69
Pop-up 137
Proposer un film
En téléchargement........................71
En visionnage direct 76
Qualité des enregistrements......50, 64

R

Real Player..45
Recadrer...38
Référencement 147
Renouveler l'image de la Webcam..137
Résolution 10
Retardateur.......................................35

S

Salles de discussion...........84, 91, 172
Saturation...28
Scinder un clip..................................52
Serveur Push..................................154
Son...61
Spotlite.com...................................168
Streaming live....................14, 119, 142
SuperWebcam 174
Surveillance....................................113
Symétrie 31

T-U

Taille de l'image 25
Téléconférence..................................82
Temps de pose 29
USB 18

V

Vidéo en direct................................126
Vidéomail..66
Visioconférence 12, 82
Visionnage direct d'un film sur
Internet..76
Visionner un enregistrement...........45
Visualisation
Mode Chronologique 55
Mode Séquentiel 56
Vitesse 17

W-Y

Webcam32......................................119
Webring..159
Winamp 45
Windows
Media Player 45
Movie Maker 46
MSN Messenger 85
Winzip 73
Yahoo! Messenger 83

Imprimerie CHIRAT, 42540 Saint-Just-la-Pendue
Dépôt légal février 2003 N° 7480

IMPRIMÉ EN FRANCE